JN119863

坂本龍馬復権論と薩長同盟

山岡悦郎
Yamaoka Etsuro

清文堂

はじめに

坂本龍馬は、現在でも圧倒的な人気者である。「歴史上の人物で誰が好きか」「一番偉いと思う歴史上の人物は誰か」その他、種々のアンケートで、龍馬は、織田信長と共に常にトップの地位を争っている。

では、龍馬ファンは、彼の業績でなにをすごいと思っているのだろうか。それは、以下の四つであるように思われる。

① 龍馬が亀山社中を作った

龍馬が日本最初の株式会社と言われる「亀山社中」を長崎で作った。

② 龍馬は、経済的面から薩長両藩を結び付けた

龍馬は、薩摩藩名義で武器（小銃と軍艦）を購入して長州藩に売り渡すことを考え出し、社中を使ってそれを成功させた。今度は逆に長州側に、そのお礼として薩摩藩が欲していた兵糧米を送ってくれるよう長州側に頼んだ。このようにして、龍馬は、まず経済的面から薩長両藩の結び付きを

強めた。

③　龍馬が船中八策を発案し、大政奉還を実現させた

龍馬は船中で、今後の日本政治の在り方に関する自分の考え（大政奉還を含む船中八策）を土佐藩士の後藤象二郎に語った。龍馬の話からヒントを得た後藤は、大政奉還を幕府に働きかけるよう土佐藩に建言した。幕府はそれを受け入れて、大政奉還が実現した。龍馬だけが大政奉還の考えをもっていたので、実質的に彼が大政奉還を実現させたのだ。

④　龍馬が薩長同盟を成立させた

同盟が締結された薩長会談は、なかなか始まらなかった。遅れて登場してきた龍馬は、長州側の木戸孝允と会い、会談をするべきだと説いた。しかし、木戸から、自分の方から会談を申し込む気はないと聞いて、今度は薩摩側の西郷隆盛を説得した。龍馬の話に西郷は納得し、会談を木戸に呼び掛け、そして同盟締結に至った。龍馬の働きがなければ、同盟は結ばれなかった。

いずれも、日本の将来を見据えた龍馬の働きで成し遂げられたものだとされる。多くの龍馬の伝記本や解説書、あるいは司馬遼太郎氏の『竜馬がゆく』を始めとする小説、それにテレビドラマやマンガでも、大体、上記四つの話が展開される。

しかしながら、専門家、つまり、主として一次史料を用いて考察を行う歴史研究者の最近の見解

は、かなり異なる。

まず、専門家は、①と②は間違いだとする。しかも、深い考察から分かるといったレベルの話ではなく、史料を見さえすれば簡単に分かる、初等的レベルの間違いなのだとする。

また、専門家によれば、③も説得力はなく、明治に入ってから旧土佐藩勢力によって作られたフィクションである可能性が高いとされる（知野文哉『「坂本龍馬」の誕生』）。

さらに、④についても、専門家の多くは、龍馬活躍の史料的根拠がないとして否定的であるようである。

このように、龍馬ファンの思惑とは違い、多くの専門家は、龍馬の業績については否定的なのである。二〇一七年一一月、高校と大学の歴史教員を構成員とする民間団体である高大研（高大連携歴史教育研究会）は、龍馬の実際の歴史上の役割や意味は大きくないから、龍馬の名前を歴史教科書から削除すべきであると提言して物議を醸した。高大研の提言の背景には、このような龍馬に対する低評価があるように思われる。

ところで、①～④に対する専門家の評価について言えば、前三者は説得力があるが、最後の「薩長同盟と龍馬の関わり」については、納得できないところがある。

私は、専門家集団である高大研の方々が主張されるのであるから、これまで「薩長同盟での龍馬の役割や意味」に関する研究が行われ、かつ、その否定的研究結果が学界の共通認識になっているものと考え、どのような研究がこれまで行われてきたのか少し調べてみた。

CiNii（サイニー）をご存じの方も多いだろう。これは、国立情報学研究所で作成しているもので、日本国内の学術論文、学・協会誌、大学の研究紀要、各種雑誌・図書を収録した論文情報データベースである。

それによると、「薩長同盟（連合・盟約）と坂本龍馬の関係」を扱った論文は、ここ五十年ばかりの間に二十篇書かれているが、そのうち学術的論文はわずかに一篇、内容の解釈次第では皆無であった。残り十九篇の著者の中には政治家やビジネスマンも含まれている。また著書にしても、私が知る限り、専門家の書かれた著書は一冊あるのみである。全く貧弱と言うほかない。

このようなことから、私は、薩長同盟での龍馬の役割や意味は、十分な研究なしに否定されているのではないかという思いが消えないのである。

そこで、改めて薩長同盟と龍馬の関係について考察してみた。その結果が本書である。

よって、本書を通じての検討課題は、

薩長同盟締結で坂本龍馬はどのような働きをしたのか

である。

本書は、元治元年（一八六四）七月の禁門（蛤御門）の変後の第一次長州征討から、慶応二年（一八六六）一月の薩長同盟締結までの間の薩長両藩と龍馬の動きを主として記述することになるが、必要に応じて、禁門の変の前年に起こった「文久三年のクーデター（政変）」にも言及する。

また、先行研究を尊重しつつ、主として一次史料に基づいて論述を行い、これまでの研究に見られない新しい視点から史料に光をあてることで、薩長同盟での龍馬の働きの真相に迫ることを試みた。説明は、丁寧で分かりやすいことを第一とした。

坂本龍馬復権論と薩長同盟　目次

装幀／寺村隆史

第一章　薩長提携に向かって

文久三年八月のクーデター（政変）や翌元治元年七月の禁門（蛤御門）の変では、薩摩と長州は対立した。特に禁門の変では、両者は武器を取って戦った。だがその後、徳川幕府を倒して明治時代を生み出すのにもっとも大きく貢献した薩長同盟が締結された。殺し合いをした両者は少しずつ提携を目指すようになり、そしてわずか一年半後には握手する仲になったのだ。どのように両者の関係は変化していったのか、またなぜ変化しなければならなかったのか。このあたりのことを、本章では説明する。

一　第一次長州征討

薩摩藩の方針

文久三年（一八六三）八月十八日のクーデターの際、薩摩藩は会津藩と手を組み、長州勢と七卿を京都から追放した（七卿落ち）。また翌元治元年七月十八日に始まり翌日に終わった禁門の変では、家老小松帯刀《たてわき》（三十歳）と小納戸《こなんど》頭取西郷隆盛（三十七歳）に率いられた薩摩の軍勢は、会津藩を助けていわば幕府側に立って長州の軍勢と戦い、彼らを敗戦に追い込んだ。

禁門の変では、長州兵が御所に向かって発砲したため、長州藩は朝敵となり、孝明天皇（三十四歳）は七月二十三日、禁裏守衛総督の一橋慶喜《ひとつばしよしのぶ》（二十八歳、後の第十五代将軍徳川慶喜）に長州征討の勅命を下した。

それに応じて幕府は、諸藩の軍勢からなる征長軍を組織して長州藩を包囲し、軍事的な脅威を与えながら、禁門の変での責任（有罪）を認めさせ、その後量刑を下そうとした。第一次長州征討である。そのため幕府は早速七月二十四日、薩摩や肥後等の西南二十一藩に号令をかけ、兵備を整えて指揮を待つよう命じた。

しかし、征長の拠点（征長総督府）を広島に、副総督府を小倉に置くことは簡単に決まったが、征長の総責任者（征長総督）は引き受け手がなかなか見つからず、やっと十月五日に前尾張藩主徳川慶勝《よしかつ》に決定した。慶勝は十月二十四日、禁門の変でもっとも功績のあった薩摩藩の西郷隆盛を参謀格に任命し、彼に全権を委任した。

では西郷は、この征討をどう収めようと考えていたのだろうか。八月から九月にかけての西郷は、一気に攻め込んで長州に処分を下すべきだという強硬路線であった。例えば、九月十九日付の鹿児島の側役《そばやく》大久保利通《としみち》（三十五歳）にあてた書簡で西郷は、長州支藩の岩国藩を味方につけて長州藩を分断し「そこで突然乗り込めば、簡単に攻め落とすことができるだろう」と書いている。禁門の変の時は前線で指揮をとり、自身、敵弾で負傷した西郷であるから、長州を憎む気持ちが強かったのかもしれない。

だがやがて、長州本藩を説得して謝罪・帰順させるという、帰順路線へと大きく舵を切るようになる。西郷は、十月二十五日付の小松あて書簡で「帰順するような方策をとることこそが長州征討の本旨です」と書いており、帰順路線の立場から征討に対処したことが分かる。

そして、多くの歴史書では、その変化の理由を九月中旬に西郷が会った幕府軍艦奉行勝海舟（四十二歳）の影響だとする。しかし、確かに勝の啓発もあったであろうが、もっと大きな理由があったのだ。それは、薩摩藩国父島津久光（四十八歳）の影響である。

諸書では、幕末期の薩摩藩では、西郷や大久保が主役のように扱われている。だが、これは誤解であって「彼らはあくまでも一薩摩藩士で、決して久光の意に反して行動することはできなかった」のである（芳即正《かんばしのりまさ》「薩摩藩と薩長盟約の実行」）。久光の権威は絶大だったのだ。

この点、家臣の言うことについては何でも「そうせい」と言ったので、そうせい侯と呼ばれたという長州藩主毛利敬親《たかちか》（四十六歳）とは異なると言われる場合がある。ただ、後の事績に照らして言えば、実情は少し違うようである。どうやら、敬親は誰に対しても、いつでも「そうせい」と言うような主体性のない藩主だったのではなく、大事なところは自分を通し、そうでないところは家臣の自主性に任せるというタイプの人物だったようである。

また、薩摩藩における主従関係で言えば、小松帯刀の存在も極めて重要である。彼は若年ではあるが、筆頭家老で久光の信頼が厚く、久光の名代的存在であった。いわば、西郷や大久保の上司にあたる。薩摩藩での主従関係は「久光→小松→西郷・大久保」となるとでも言えようか。

だが、久光は家臣の意向を無視する独裁者ではなかった。薩摩藩の意思決定方式で言えば、小松や西郷の意見を入れて久光が命令を下すといったトップダウン方式をとらず、「まず首脳部で意見をまとめ、その意見をもとに藩上層部で協議する。そこで合意すれば藩論の決定となり、家臣一般に布告するという手順」が採用されていた（佐々木克《すぐる》『幕末史』）。

久光は、当時三百諸侯随一と言われた実兄の先君島津斉彬《なりあきら》の遺志「朝廷第一」を受け継いだ。これが彼の行動原理となった。そして藩主父子（藩主は島津忠義だったが、実父久光が国父として実権を握っていた）と家臣の関係は、万延元年（一八六〇）三月三日に起こった桜田門外の変の頃からかなり安定してくる。

この変で大老井伊直弼《なおすけ》を襲撃したのは水戸脱藩浪士十七名と薩摩脱藩浪士一名であったが、実は薩摩藩では、その前（安政六〈一八五九〉）年から、西郷や大久保が結成した尊王攘夷の若き政治集団（後に「誠（精）忠組」と呼ばれた）も脱藩してこの襲撃に参加する計画があった。この頃、西郷は最初の遠島中で、鹿児島では大久保がリーダーだった。彼はこの計画には反対で、血気にはやる後輩を必死でなだめていた。ところが、この計画が藩主父子に分かってしまった。誠忠組の面々は、本来ならば厳罰に処せられるべきところである。しかし、藩主忠義は久光と相談して十一月十五日、彼らを慰撫するための諭告書を直筆で書いて大久保に渡し、先君島津斉彬の遺志を引き継ぎ、皇国を守るつもりである、その時は藩主を先頭に挙藩一致して出兵する、その際はお前たちが中心になって自分を支えてくれと彼らに頼み込んだ。しかも彼らを「忠義の士」と呼び、殿様が若い藩士に頼んだのである。感激した彼らは脱藩を中止し、以降、藩全体を動かして斉彬の遺志を実現することにして血判の承諾書を提出した。このようにして、藩主父子と家臣の政治的目標は一体化していった。

薩摩藩は以降、多少の曲折はあっても、常に一貫して藩としての統一行動をとっていく。それが内訌（内輪もめ）で疲弊した長州藩と違う点で、幕末維新史で薩摩藩が常に中軸的役割を果たすことができた大きな理由である。

同時に、久光は身分意識の強い人物だったようである。よって、彼をトップとする薩摩藩では久光の存在は絶対であって、家臣の行動は久光の意に沿うもの、少なくとも事後に久光の承認が得られるであろうものに限られた。かつて西郷は、久光に面と向かって「地ゴロ（田舎者）」と言って気分を害し、加えて、久光の命令を無視して独断専行的行動をとったばかりに、死罪は何とか免れたが沖永良部島《おきのえらぶじま》に遠島になったことがあった。一年八か月間の苦難の生活を経て禁門の変勃発の四か月前に帰ってきたのであった。久光の意に反する行動は政治的死につながることを悟った西郷は、その後、久光の意に沿う行動を心掛けるようになる。

ところが、西郷は禁門の変後に、性懲りもなく、同じ過ちを犯した。西郷は、八月一日付の大久保あて書簡で「早く征討しなければどんな姦計があるか分からない。速やかに征討するよう攻め立てるつもりだ」と書いた。彼は、早期の長州征討が必要だと考えていたのだ。その観点から強硬路線を主張した。そのためには何よりも将軍自身が先頭に立って征討に取り掛からねばならないが、どういう訳か、一向に上洛してくる様子がない。そこで西郷は、朝廷の実力者近衛忠房（二十七歳）の依頼に応じて九月一日、薩摩藩士海江田武次を江戸に派遣して将軍の上洛を促した（九月八日付の大久保あて西郷書簡）。だがこれが国許で大問題になった。つまり、近衛忠房の依頼は藩主に対するもので、勝手に西郷ごときが使者を派遣するなど越権行為だというのである。久光は立腹し、西郷の罪を問うために反西郷派の奈良原繁を上京させて西郷に帰藩するよう伝えさせた。奈良原は十月六日に京都に着いた。

西郷は帰藩命令の話を九月下旬に聞いたと思われるが、その際、彼は遠島時代のことを思い出し、久光の意向はすべて受け入れようと決心したはずである。そして後述するように、久光は強硬路線ではなく、帰順路線だったのである。こうして、西郷にとって反久光的な強硬路線は論外で、帰順路線を受け入れざるを得なくなった。もっとも、この受容は、勝の啓発によって下地ができていた西郷にとって、比較的スムースであったと推測される。

西郷は、この帰藩命令に対して、十月八日付の大久保あて書簡において「お受けする」と書き、久光へのとりなしを大久保に頼んでいる。この件は、大久保や小松の努力が実を結んだのか立ち消えとなり、西郷が帰藩したのは翌年一月であった。

さて、その久光は、長州征討では強硬路線ではなく帰順路線だった。

というのは、そもそも久光は長州征討には反対だったのだ。積極的だったのは会津藩などごく一部の藩だけだった。薩摩藩主父子は慶応二年七月九日付の天皇への上書の中で、征長戦争は内乱を誘発し、「外国からの侵攻を受ける」ようになる可能性があることを指摘し、征討反対の態度を表明した。そして、これは数年来の考えだと書いている。アヘン戦争（一八四〇～二）でイギリスに敗北して悲惨な状態にある清国の二の舞にならないことが、当時の多くの日本人の願いだったのだ。高杉晋作もそのことを強く望んでいたことは、よく知られている。

文久四（元治元）年一月から三月にかけて久光の提案により、朝廷に参預会議が設けられたが、結局、慶喜のため実効を挙げることができず、失意のうちに久光は鹿児島に帰った。それ以降、久光は、再び中央政界で活躍する力をつけるため、国元に割拠して軍事力強化・経済振興を目指すようになる。そのような久光にとって、征討に参加することは人的・財政的負担の故に、到底望ましいことではなく、彼は幕府に対して次第に距離をおくようになった。

禁門の変直後の八月初旬、久光の姿勢に合致するような、久光あての上書が軍賦役《ぐんくばり》の黒田清綱

（三十六歳、洋画家黒田清輝の養父）から出された。その中で黒田は「幕府は薩長二藩が強大になることを嫌っており、以前から両藩を戦わせようとしています。今回の長州征討では薩摩を先方として戦わせて長州の戦力を弱めさせ、次に弱体化した薩摩を攻めるという考えがないとは言えません」と書いた（『玉里島津家史料』三）。薩長を戦わせることで幕威を回復させたいというのが幕府の意図であることを見抜いていたのだ。これは、藩のためには征長戦争から身を引くべきだということであって、黒田の提言は久光にとって当を得たものであった。

久光は、この頃鹿児島に帰っていた小松や大久保たちと長州問題への対処法を検討した。彼らは、戦争による解決よりは、長州藩を説得して帰順させる方策の方がよい、そしてそのためには岩国藩の吉川経幹《きっかわつねもと》に周旋してもらうのがよいという結論に至ったようである。というのは、経幹による周旋策が、この年（文久四年）二月に長州藩処分が朝議で問題になった時に、すでに久光・小松・大久保の間で論じられていたからである（佐々木克『幕末政治と薩摩藩』）。

ところで、ここで出てきた「岩国藩」「吉川経幹」は、第一次長州征討から薩長同盟に至る期間を説明する時のキーワードに含まれる。そこで、これらについて簡単に述べておこう。

もともと長州藩は清末、長府、徳山の三支藩と岩国領を含んでいた。関ヶ原の戦いで岩国吉川家が徳川家康に内通したため西軍に味方した長州藩毛利家は敗北し、領地を大幅に削減されてしまった。そのことで幕府は吉川家に対して岩国六万石を与えて大名として取り立てようとした。だが本藩はそれを認めず、あくまで藩内の「岩国領」として扱ってきた。岩国領が独立した藩として承認されたのは、ようやく慶応四年になってからである（以下では、「岩国藩」で統一する）。このような経緯もあり、岩国藩は本藩や他の支藩とは異なり、幕府に対して友好的であり、親幕的であった。また藩主吉川経幹（三十六歳）は、病身ではあったが人物・識見に優れ（『玉里島津家史料』三）、藩内はもとより他藩においてもよく知られた人物であった。

高崎五六の岩国派遣

久光・小松・大久保の結論、つまり藩の方針である帰順路線と経幹による周旋策が、鹿児島から上京してきた高崎五六（二十九歳、後の第十代東京府知事で、歌人高崎正風とは別人）によって西郷に伝えられたのは九月中旬から下旬の間であった。早速、どういうふうにして帰順路線・周旋策を実現できるかが検討された。これは偶々《たまたま》上京していた筑前（福岡）藩士喜多岡勇平の提言によって解決された。その経緯は以下のようである。

八月十四日、吉川経幹は家臣桂九郎兵衛を筑前藩に派遣し、長州藩主父子（藩主毛利敬親・世子元徳《もとのり》）の救済の斡旋を藩主黒田長溥《ながひろ》（第九代薩摩藩主島津重豪《しげひで》の九男）父子に対して依頼した。筑前藩主は島津家の縁戚にあたり、しかも薩長和解を望んでいたので、経幹は黒田家を頼ったのである。経幹の依頼に応じた黒田長溥は、家老小川讃岐《さぬき》と喜多岡勇平の二人を上京させた。その途中の九月二日、喜多岡は岩国に立ち寄り、経幹を訪ねて、すぐさま山口に赴いて本藩が恭順するよう尽力すべきだと進言した（『維新史料綱要』五）。そして上京後、喜多岡は元薩摩藩士で近衛家に仕えていた藤井良節《りょうせつ》を通じて、上京していた高崎五六と会った。そして彼から薩摩藩の帰順路線を聞くに及んで、高崎を岩国藩に派遣するよう西郷に提言したのである（十月八日付の大久保あて西郷書簡）。

九月二十四日に京都薩摩藩邸で会議が行なわれた（『西郷隆盛全集』一）。そこで、帰順路線の具体的方策が検討され、薩摩藩の方針が決定された。そして近日中に福岡に帰る喜多岡に高崎が伴い、途中岩国に立ち寄って経幹に薩摩藩の方針を伝えることになった。もちろん西郷は賛成した。その後、喜多岡と高崎は京都を出発した。

九月三十日、二人は岩国新湊《しんみなと》に入った。高崎は山口出張中の経幹とは会えなかった。代わりに岩国藩士香川諒・横道八郎次と会い、薩摩藩が周旋の意思のあることを伝え、それに対する経幹の親書を求めた。高崎が二人に語った様子は以下のようである（『吉川経幹周旋記』一）。

まず高崎は「薩摩藩は、禁門の変は長州藩主父子の考えによるものではなく、出先の面々が勝手に起こした暴動であると認識している。また世間では薩長両藩は私怨で対立しているように言われているが、そのようなことはない。共に攘夷（外敵を打ち払うこと）主義であることに変わりはなく、緩急の違いがあるだけである」と話して長州藩に対する理解を示した。と同時に「禁門の変での戦いも我が藩の斉彬の遺策である朝廷第一という役目から仕方なく交戦に及んだものである。その際捕らえた捕虜も返還するつもりで大切に保護している」と話して薩摩藩に対する理解を求めた。

そして「幕威も最近は衰え、覇者の勢いもない。このままでは内乱になり、外国の術中に陥りかねない」と現状を分析した上で、「そのような隙を窺う外国勢が接近しつつある今日、せめて大藩（薩長両藩）だけでも手をつながねば、皇国が衰退してしまう」ので、なるべく長州藩の処分が軽くなるよう「御周旋致したい」と語った。なお、ここで述べたことは「京都薩摩藩邸首脳部が相談した結果である」ということを付け加えた。

ここで注目すべき点は、高崎の発言の中の「大藩だけでも手をつながねば、皇国が衰退してしまう」という文言である。一方、慶応二年一月に締結された薩長同盟の第六条に「薩長両藩は誠意をもって協力し、皇国のために砕身尽力する」という文言がある。この二つの文言は、皇国のために両藩は提携すべきだと述べている。すでに両藩は外国との戦い（薩摩藩は薩英戦争で英国と戦い、長州藩は下関戦争で英米仏蘭と戦った）を通じて攘夷を徹底することは不可能であることに気づいており、また外国からの開港要請や幕府の圧力が強まる中で、薩摩藩は、皇国の回復と皇威発揚を実現するためには、薩長両藩が提携することが必要であると考え始めていることが分かる。高崎の口を通じて述べられた薩摩藩の思いは、一年四か月後の薩長同盟締結で両藩共通の目標となるのである。

だが、長州との提携希望まで久光・小松・大久保の結論に含まれていたかどうかは分からない。むしろ、そこにこそ勝海舟の影響による西郷の考えが見られる。

西郷は九月十一日に勝と対談したが、その時の模様を九月十六日付の大久保あて書簡で記している。それによると、通商条約の勅許と兵庫開港を求めて近く外国艦隊が大坂湾に来航するという噂があり、西郷はその時の対策を尋ねた。それに対して勝は幕府の腐敗ぶりを明かし、それよりも「四、五人の雄藩主が会議を開いて」対応すればよいという共和政治（雄藩連合政治）の考え方を示した。それを聞いた西郷が「実に驚いた人物」「ひどく惚れ込んだ」と激賞したのだった。四、五藩の雄藩の中には当然薩摩藩は含まれるが、問題は長州藩を含めるかどうかである。西郷は、当初は迷っていたが、次第にパートナーとして長州藩を含めるという方向に傾いていった。これは長州との提携を志向するということである。長州との提携希望を岩国側に話していいのかどうか京都薩摩藩邸で検討した。

勝海舟の意見にしたがって、長州をパートナーにするのなら、長州を大藩として残さねばならず、そのためには帰順路線を採用した方がよい。よって長州をパートナーとすることは久光の了解も得られそうである。こうして、会議では、長州との提携希望を岩国側に伝えることに決した。

このように、第一次長州征討に対する薩摩側の方針は、長州との提携を目指しつつ、当面の具体策としては、長州本藩が帰順するよう岩国藩（吉川経幹）に周旋（説得）してもらい、他方、長州への処分が寛大なものになるよう薩摩側が周旋（努力）するというものだった。

こうした薩摩藩からの周旋の申し入れに対して、吉川経幹は十月二日、高崎に対して書簡を渡し「なにとぞ寛大な処置が下されるよう周旋をお願いしたい」と書いた。それに対して高崎はすぐさま「薩摩藩は力の限り周旋するつもりであるから、どんなことでも申し付けてほしい」と返書した（『吉川経幹周旋記』一）。ここに岩国藩吉川家を介在させた、薩摩藩と長州藩の交渉が始まる。

ところで、高崎の発言は西郷が言わせたものであり、強硬論者であった西郷が吉川家をペテンにかけたのだという説がある（高橋秀直『幕末維新の政治と天皇』）。だがその頃の西郷はすでに帰順論に傾きつつあり、あえて吉川家をペテンにかけるほどの強硬論者であったとは思われない。むしろ「高崎のこの発言は、多少外交辞令的な表現があるけれども、薩摩藩（主として西郷の指示）の基本的な姿勢を述べたものである」（佐々木克『幕末政治と薩摩藩』）という見解に同意したい。

このように、元治元年の秋頃には、すでに薩摩藩は、長州藩との提携へと方針を定めていた。

その後の展開

十一月八日、総督府の置かれた広島で西郷は、禁門の変時の捕虜釈放の書を岩国藩重役の香川諒・山田右門に届けた。その中で西郷は「長州兵捕虜十名を今回取り締まりの者をつけて引き渡しますので、どうぞお受け取り下さい。そして返還後に過酷な処置のないよう、どうぞ助命して下さるよう周旋のほどお願いします」と書いた（『西郷隆盛全集』一）。その後、長州藩は西郷の願いを入れ、捕虜をそれぞれの家族に返している（『忠義公史料』三）。当時、捕虜は斬刑に処すというのが普通であった。西郷の捕虜厚遇の背後には、彼の人間性のほかに、将来の提携を見越して長州側の心証を少しでもよくしておきたいとの配慮がほのみえる。

その間西郷は十一月四日、誠忠組以来の親友吉井友実《ともざね》（三十七歳、明治後、枢密顧問官等を歴任）と税所篤《さいしょあつし》を伴って岩国に出向き、経幹に対して、十八日に予定されていた総攻撃を延期する条件として、早急に禁門の変の責任者とされた三家老（国司《くにし》信濃《しなの》・福原越後・益田右衛門介）の首級を提出するよう求めた。

ただ、三家老に責任を負わせるというやり方は西郷が言い出したものではなく、禁門の変直後の七月二十五日、経幹が本藩に上申していたものであった。藩主敬親は即座にそれを受け入れただけでなく、八月二日、経幹に対して、禁門の変での謝罪の周旋を依頼した。経幹は受諾し、以降、彼は長州救済のため尽力するようになる（『維新史料綱要』五）。

このように、三家老を処分して長州を救うという案は、藩主敬親や当時の俗論党政権には受け入れられていた。一方、奇兵隊など、藩士以外の様々な身分のものからなる非正規軍としての諸隊のほか、長州藩内には、強固に反対する勢力があってなかなか実行には移されなかった。そのうちに、俗論党政府が強引に押し切り、十一月十四日に三人の首級は提出されて、十八日の総攻撃は延期された。さらに総督府は翌日、撤兵条件として五卿（文久三年のクーデターの頃は七卿だったが、その後一名死亡、一名脱落で三条実美《さねとみ》〈二十八歳〉を含む五名になっていた）の藩外移転を求め、経幹と俗論党政権は同意した。

だが五卿の藩外移転は、当の五卿が反対しただけでなく、土佐脱藩浪士で当時長州にいた中岡慎太郎（二十七歳）等の五卿衛士や諸隊が反発し、容易に実現しなかった。五卿は長州藩の精神的支柱になっていたのだ。この問題解決のため、西郷は吉井と税所の二人だけを伴い、当時小倉に来ていた中岡と一緒に、小倉から敵地の下関に渡った。そして諸隊幹部や中岡等に対して五卿の移転を説得した。このような、自らを危険な状況におくことで事態を打開せんとするのは西郷独自の、かつ彼のみに可能なやり方であり、明治六年の征韓論論争時にもやろうとしたものである。結局、五卿移転問題は、西郷の命がけの努力と筑前藩士月形洗蔵と早川養敬による五卿の説得で解決し、五卿は筑前藩の太宰府に行くことになった（『維新史』四）。

なお西郷・吉井・税所の三人が岩国に行ったとき、薩摩藩は彼らの身を心配して村田新八・川村純義《すみよし》（後の参議・海軍卿）・伊集院兼寛《かねひろ》の三人を護衛として後を追わせた。西郷や村田たちは無事広島に帰り着いたが、その際宮島の宿で西郷は村田等に対して「長州は日本の元気である、長州を救済不可能な状態に追い込めば日本の将来も救済不可能になる」と言ったという（『伊集院兼寛関係文書』）。ここでも西郷は、日本のためにも長州を救済しなければならないと述べている。

さて、五卿移転の問題が解決したので、十二月二十七日、長州を包囲していた十五万の征長軍は撤退し、翌年一月、長州藩主父子の隠居、十万石の削減を主な内容とする処分内容が幕府に対して征長総督徳川慶勝から報告され、第一次長州征討は軍事的には終了した。だが、その処分内容は極めて軽いものだったため、幕府内には大いなる不満が残り続けた。

その後も薩摩藩の長州藩に対する厚意的な態度は変わらず、二月頃になると、一歩進んで対長州接近策へと進んでいく。

その傍証として、長州征討終結からわずか一か月後の二月八日に行われた長府藩士と薩摩藩士による薩長提携を巡る会談がある。中岡と同じく土佐脱藩浪士で五卿衛士をしていた土方久元《ひじかたひさもと》（三十二歳、明治後、農商務大臣等を歴任）の『回天実記』によれば、長府藩家老三好内蔵助、同藩直目付井上少輔、長府藩士大庭伝七、長州報国隊長原田順次、元長州奇兵隊総督赤根武人、土方と中岡、および薩摩藩士吉井友実の八人の間で「薩長和解を目指して会談」したという。この会談に長州本藩の要人は加わっていないが、明らかに薩長提携に向けての第一歩であり、薩摩藩が薩長提携を模索していたからこそ、実現したものである。

木戸孝允の登場

最初に、長州側の主役である三十二歳の木戸孝允のそれまでの動向を述べておこう。

禁門の変の後、藩の重責の一人であった木戸は、すぐに帰藩すると敗戦の責任を問われることを恐れ、部下である伊藤博文（二十四歳）や大村益次郎（四十一歳）等の勧めにより、出石《いずし》（兵庫県出石町）に身を潜めた。そして長州藩や京都・大坂の情報を得ながら、復権の時期が到来するのをじっと待っていた。木戸は非常に用心深く、大村その他ごく一部の者にしか住所を知らせなかった。

禁門の変後の長州藩では、対幕強硬派の正義党と、対幕恭順派の俗論党との対立が生じ、抗争が続いたが、十月に入ると俗論党が政権を取り戻し、藩庁も山口から萩に移された。

すでに述べたように、俗論党政府は幕府側（征長総督府）の要請を請けて、十一月中旬、禁門の変の責任者として当時の三家老を処刑し、首級を提出した。この処遇に当時身の安全のため九州太宰府に潜伏していた正義党の高杉晋作（二十六歳）は激高し、すぐさま下関に帰り、俗論党を討つべく遊撃隊を率いて十二月十五日、長府功山寺で決起した。

この内訌は結局、諸隊を率いた高杉等の正義党が勝利し、翌年二月、藩庁も再び山口に移った。

二月十四日、椋梨藤太《むくなしとうた》ら俗論党幹部十二名は身の危険を感じて萩を抜け出し、岩国藩吉川家を頼ろうとしたが叶わず、捕らえられた。

三月二十三日、藩主敬親は岩国を除く長府・徳山・清末の三支藩主を山口に招き、藩是として、いわゆる「武備恭順」を示した。つまり、幕府に対しては恭順の姿勢を示すが、その間武備に努め、攻撃を受けたときは武力でもって戦うというものである。武備恭順は、その後の長州藩の行動を規定することになる（『修訂防長回天史』四・五編）。

このようにして、藩の内乱が一段落して木戸の身の安全も保障されたので、彼は帰藩を決意し、四月二十六日に下関に着いた。早速伊藤や大村と今後の長州藩の在り方について話し合った。三十日には太宰府から上京途中の中岡慎太郎と会っている（中岡慎太郎「海西雑記」）。中岡はその際、薩摩藩との提携に木戸が前向きであることを知った。

木戸は長州藩政府の要請に応じて五月十四日、山口に入った。翌日、早速藩主に謁見して京都事情を報告し、さらに藩要路に会って自分の考えを述べた。藩要路は、木戸の考えが自分たちと同論であることを喜び、歓迎した。木戸は同月二十七日には政事堂用掛・国政方用談役心得となり、実質的な藩の主導者になった（『修訂防長回天史』五編、「柏村日記」）。

木戸の薩摩観

ところで、当時の木戸は薩摩との提携に関して、どう考えていたのだろうか。木戸は四月三十日に中岡と会い、これまで敵視していた薩摩藩が五卿を太宰府で保護していることや、近時朝廷のために尽力していることを聞いた。文久三年のクーデターで七卿を京都から追い出したのは他ならぬ薩摩であったので、中岡の情報は木戸にとって意外であった。怪しんだ木戸はそのことを確かめるために、土佐脱藩浪士で長州遊撃軍軍監の後藤深造を五月中旬、太宰府の三条実美のもとに派遣した。その際、三条あての一書を託した。

その書で木戸は、薩摩藩は今までとは異なり朝廷のために尽力しているということを、先日偶然会った中岡慎太郎から聞いたとして「もしそれが本当であれば、日本の大幸ですが、まだ実行されておらず、どうしたことかと思っています。この点お上はどのようにお考えでしょうか」と三条に伺いを立てた。そしてさらに「薩摩藩が本当に朝廷のために尽力するのであれば、当然、同志の藩です」と書いた。朝廷への尽力が木戸の判断基準であることが分かる。朝廷のために尽力する藩はすべて同志なのである。木戸の質問に対して三条は、後藤を通じて、薩摩藩の尽力は本当である、それを疑うことは前途の困難を生み出すことだ、どうか疑わないでほしいと伝えた（『松菊木戸公伝』上)。

ところで、三条自身は薩摩藩のことをどのようにして知ることができたのであろうか。

文久三年のクーデターで京都を追われた七卿は長州に逃れたが、その後七卿は長州藩の精神的支柱となり、長州藩によって保護された。だが禁門の変後、七卿は五卿になり、幕府（征長総督府）はその五卿の藩外移転を要求した。西郷等の貢献により、結局五卿は筑前太宰府に行くことになり、慶応元年二月十三日、彼らは太宰府に着いた。しかし幕府に気兼ねした筑前藩の彼らに対する待遇は芳しくなく、その待遇改善のため西郷が太宰府で五卿と会い、筑前藩と交渉の結果、待遇は改善された。そして、その後は薩摩藩士も五卿衛士に加わり、護衛を務めるようになった。その間、西郷や黒田清綱その他の薩摩藩士たちと付き合うことで、三条たちは、薩摩藩の朝廷への尽力や長州藩への接近の意思のあることを知るようになった。

だがそれ以上に、三条の情報元となったのは中岡の働きであろう。土佐を脱藩した中岡は文久三年に七卿と共に京都から長州に移った。禁門の変では、長州藩の一兵士として桑名藩兵と戦い、足に負傷している。また、長州忠勇隊の隊長や総督となって活躍している。当然のことながら、この間、中岡は多くの長州藩要路と懇意になった。

第一次長州征討途中の元治元年十一月、中岡は薩長提携論者の筑前藩士月形洗蔵や早川養敬（勇）たちと下関で会い、彼らの影響で薩長提携論者になったようである。翌月四日、彼は海を渡って当時小倉にいた西郷と会い、五卿移転の件で意見を交わしている。またすでに述べたように、十一日には西郷、吉井友実、税所篤と共に下関に渡り、西郷と長州諸隊幹部の会談に同席して、西郷の識見や人物を知るようになった。

中岡は、翌年冬に書いた「時勢論」の中で西郷のことを「洛西第一の英雄」と激賞し、木戸をそれに次ぐ人物としているが、長州閥の彼が西郷をもっとも高く評価していることは興味深い。これをきっかけとして、以降中岡は小松・大久保を始めとして多くの薩摩藩要路とも昵懇《じっこん》になった。このようにして中岡は、薩摩藩は以前とは違って朝廷のために尽力し、また長州に厚意的であることを知り、その情報を三条に伝え、また木戸に伝えたのだ。

このように木戸は実際に薩摩藩要人と会った中岡や三条から薩摩藩の現状を知り、対薩接近を志向するようになった。だが、木戸が藩政務に復帰する以前の藩政のトップであった手元役・蔵元役・用所役山田宇右衛門（五十三歳）、用所役広沢真臣《さねおみ》（三十二歳、明治政府の参議となるが、明治四年に暗殺される）その他の長州藩要人の考えはどうだっただろうか。三条は長州藩主父子にこれまでの謝意を表すため森寺大和守と中岡を長州に派遣したが、藩政府は五月七日、それへの返礼として楫取素彦《かとりもとひこ》（三十七歳、後の群馬県知事で、吉田松陰の二人の妹と結婚したことで知られる）を三条のもとに派遣することにした。その際楫取は藩の方針を議論するための意見書を提出した（『楫取家文書』二）。これをみれば、当時の藩要路の薩摩に対する考えが分かる。

この意見書で楫取は、対薩接近には用心すべき側面もあるが、基本的には薩長提携を目指すべきだとし、それを薩長両藩に対して三条に勧告してもらうことで実現させようと主張した。この意見書を巡り藩首脳部で検討がなされたが、おおむね承認されたと考えられる（高橋秀直『幕末維新の政治と天皇』）。このように、木戸が政務に復帰する以前の藩首脳部は、薩摩をなお危険視しながらも、基本的には対薩接近に前向きになっていたと言える。

なお、楫取は五月十四日に山口を発って二十二日に太宰府に着いて五卿と謁見、二十四日には鹿児島からやってきた坂本龍馬と会い、いろいろ議論している。

ところで、もともと木戸には藩意識を超えて日本国全体の在り方を考える傾向があった。それを示す、慶応元年七月十八日に木戸が友人の対馬《つしま》藩士大島友之允《とものじょう》にあてた書簡がある。その中で木戸は、長州藩も皇国も現在危機的状況にあるが、藩も国も治める方法は同じであるとして「今日の長州藩も皇国の病を治すにはよい道具になると思う」と書いた。

このように、木戸には、藩を国のための一道具とみなす理性的視点があった。この観点から言えば、薩摩藩も長州藩と同様、国のための一つの道具に過ぎない。よって、国のために同じ道具として薩摩藩と手を結べば、長州一藩で国のために尽力するよりは、はるかによいことは明らかである。三条への書簡で「我が同志」と書いたことには、そのような心情が表れている。木戸には薩摩藩を同志とみなしうる素地があったのであり、中岡からの情報や三条の勧めもあって、帰藩後の五月には、対薩接近の姿勢は確固たるものになっていたと考えられる。

さて慶応元年（一八六五）閏《うるう》五月、木戸は薩摩藩との直接的交渉を始めてもよいと考えていた。だが木戸以外の藩首脳部もそう考えていたのだろうか。

それまで、薩長両藩の交渉は長州支藩の一つ岩国藩を通じて行われていた。しかしそれは間接的な関係であるため、直接的な交渉を望む声が出てきた。そこで、藩主敬親周辺の直目付《じきめつけ》から藩首脳部に対して一つの提議がなされた。つまり、薩摩の小松・西郷などはこれまで長州のために尽力してきた様子だが、それは岩国藩吉川家からの依頼によっており、長州本藩との情実が通じていないようにみえる。そこで改めて薩摩へ尽力を求める藩主父子の正式の依頼を小松・西郷に対して吉川家経由で出されてはどうだろうかという提議である。

しかし、山口の藩政府の意向はこれと違っていた。五月二十八日、広沢真臣は木戸に対して書簡を送り、「薩摩藩が本当に朝廷のために尽力するのであれば、長州藩も私怨《しえん》を捨てるのは当然です。だが現在の困難を凌《しの》ぐために、藩主父子から薩摩藩へ依頼することなど絶対やるべきではありません。交渉は今までのように、吉川家からの依頼という形で良いです」と書いたのだ（『松菊木戸公伝』上）。

直目付は木戸と同論の積極的な対薩接近論であり、木戸の意をくんで藩政府の意向をその路線へともっていくために提言したのかもしれない。それを察した広沢がその流れにくぎを刺すべく、本藩を通じての薩摩藩との直接的交渉は時期尚早だと主張したのである。このように、閏五月段階の長州藩は薩長提携に前向きになってはいたが、それを実現するための具体的方法となると、木戸に反対する藩要路もおり、藩全体としては統一が取れていなかった。また、帰藩したばかりの木戸が政府を掌握しきれていなかったことも分かる。

坂本龍馬の動向

禁門の変後の龍馬は、一体どこで何をしていたのだろうか。

禁門の変の頃は、龍馬（三十歳）は勝海舟と一緒に神戸にいた。その後龍馬は八月から十月の間に西郷と会っている。だがその時の会談内容は不明である。やっと元治元年十一月二十六日付の大久保利通あて小松書簡の中で龍馬の名前が出てくる。

勝海舟の建言で幕府によって創設された神戸海軍操練所は、訓練生の中に禁門の変で長州側のために戦った者がいたので疑惑を招き、閉鎖されることになった。そこで行き場のなくなった訓練生（その多くは土佐脱藩浪士）を薩摩側に引き取ってくれないかと勝が小松に頼んだのである。小松は了承して、そのことを前掲書簡で大久保に知らせた。

訓練生は艦の操縦ができたので、彼らを引き受けることは薩摩藩にとっても幸運なことだった。

前年の文久三年十二月二十四日、薩摩藩が幕府から借りていた蒸気船長崎丸が豊前田ノ浦を航行中に長州藩から攻撃された。砲弾は命中しなかったが、逃げる途中に火災を起こし、沈没してしまった。この事件で薩摩藩は蒸気軍艦を運航できる技術者二十八名を失い、海軍は大打撃を受けていた。小松は土佐脱藩浪士たちを雇い入れ、海軍の復興を図ろうとしたのだ。

小松は、前掲書簡の中で「坂本龍馬という人物が江戸で外国船を借りるために交渉中です」と書いた。どうやら龍馬は、第一次長州征討の頃は薩長関係よりは蒸気艦による「航海の計画」に関心があり、外国船を借りることができれば、行き場のなくなった訓練生を受け入れて航海するつもりだったようである。その後の彼の足取りは史料的に確かめることができないが、龍馬の外国船借用計画は失敗し、大坂薩摩藩邸に匿《かくま》われていた土佐脱藩浪士たちは、翌慶応元年二月初めに鹿児島に向かった。その中には、後で薩摩藩名義による銃艦購入で大活躍する近藤長次郎（上杉宗次郎）も含まれていた。

兄や姉にあてた書簡によれば、龍馬は三月末に江戸から京都に帰ったようである。そして土方久元の『回天実記』によれば、土方は四月五日に吉井友実宅で大坂から帰ってきた龍馬と会っている。また同月二十二日付の勝海舟あて吉井書簡によれば、この頃龍馬は吉井と同居している。龍馬は京都に帰ってきてからは薩摩藩士と何度も会っているので、この頃に薩長提携の考えを持つようになったのではなかろうか。

四月十三日に幕府による長州再征令が布告された。この新しい事態に対して、小松と西郷は帰藩して藩主父子や大久保も交えて対処法を検討することになった。二人は四月二十五日に龍馬を同道して大坂から薩摩船胡蝶丸で鹿児島に向かった。五月一日に鹿児島に着いた。薩摩藩首脳部はすぐに会議を開き「長州再征には出兵しない」ことを決めた。と同時に薩摩藩として長州藩との提携を志向することにし、そのことを長州側に伝え、併せて長州藩の事情を探索する目的で龍馬を長州に派遣することにした。その要望を龍馬に伝え、彼が了承したので、龍馬は長州を目指して五月十六日に鹿児島を発った（慶応元年閏五月十四日付の西郷あて蓑田新平・渋谷彦助書簡）。龍馬の薩長同盟締結運動はここに始まる。

途中熊本で横井小楠と会談し、二十三日に太宰府に到着した。当時、太宰府に行けば長州の事情がかなり分かったからである。翌二十四日に五卿に謁見し、また長州から来ていた楫取素彦と偶然再会した。その際、木戸が出石から帰藩していることを聞いたので、楫取に、木戸と会いたいから連絡しておいて欲しいと頼んだ。

翌閏五月六日に龍馬は下関で木戸と再会した。その時の木戸の印象を彼は薩摩藩士渋谷彦助に対して「今の長州では木戸の意見が大いに用いられ、藩の方針について木戸が書いて藩政府に提出しており、共に喜びました」と報告した（閏五月一日付）。龍馬は、木戸が長州藩の指導者であるという印象をもったのである。

その後、龍馬は西郷が木戸との会談のため下関に来ると信じて、西郷を木戸と一緒に待ったが、西郷は来なかった。それから龍馬は、薩摩藩名義で軍艦の購入をしたいという木戸の要望を京都の西郷に伝えるために、中岡と共に同月二十九日に京都に向け下関を出発した。

二　小松・大久保のすっぽかし事件

西郷のすっぽかし事件

さて、禁門の変後の第一次長州征討も終了し、一旦は、幕長関係は収まった。だが征討終了からわずか二か月後の慶応元年（一八六五）二月、長州藩は動き出す。長州藩は、二年前の六月にアメリカ軍艦によって撃沈された壬戌丸《じんじゅつまる》を引き上げて修理した。そして慶応元年二月九日、アメリカ商船フィーパン号は、赤間関応接係大村益次郎以下五十名を乗せた壬戌丸を上海まで曳航していき、大村は上海でアメリカ商人ドレイクに壬戌丸を三万六千ドルで売却した。そしてその代金でゲベール銃（先込式非ライフル銃）千挺を購入して、四月二日、下関に帰ってきた。

ところが不運にも、それがオランダ総領事を通して幕府に露見してしまった。征長総督徳川慶勝の参謀として全権を委任されていた西郷は、長州を助けるために長州に有利な、極めて寛大な処分で第一次長州征討を終結させていた。だがその寛大な処分に不満を感じていた幕府側の一会桑や老中小笠原長行《おがさわらながみち》・勘定奉行小栗忠順《おぐりただまさ》（上野介《こうずけのすけ》）等の幕閣は、長州藩の武器購入のことを知って激高し、この機会に改めて重い処分を科そうとした。そこで幕府は長州に「容易ならざる企て」があるとして、四月十三日に長州再征令を布告した。

ちなみに「一会桑《いっかいそう》」とは、禁裏守衛総督・摂海防御指揮の一橋家当主一橋慶喜、京都守護職の会津藩主松平容保《かたもり》、それに容保の実弟で京都所司代の桑名藩主松平定敬《さだたか》の三人のことで、彼らは元治元年四月までに朝廷や幕府によって任命され、以降、一会桑勢は京都の幕府側勢力として朝廷内部に入り込み、有力諸侯を排除して京都政界をリードした。

さて、この長州再征令の情報は急飛脚によって五月十三日に江戸から京都薩摩藩邸にもたらされた。それによると、五月十六日には十四代将軍徳川家茂《いえもち》（二十歳）が江戸を進発する予定で、すでに五万の兵が五日頃から出発しているとのことだった。

この頃、薩摩藩主父子や小松、西郷、大久保等の首脳部は鹿児島におり、将軍進発の情報を得た在京の家老島津伊勢や誠忠組のメンバーだった岩下方平《みちひら》（三十九歳、年末に家老昇進）は、進発が迫ってきた五月十三日に藩邸で会議を開き、自分たちだけで問題に対処するのは適切でないと考え、帰藩して西郷の上京を促すことを決した。その際その会談に参加していた中岡慎太郎と土方久元は、西郷の上京が決定したら途中下関で木戸孝允と会談させることを提案して同席の薩摩藩士の同意を得た（土方久元『回天実記』）。そして、中岡は鹿児島へ行って西郷を、土方は長州へ行って木戸を説得することになった。

彼らは京都を離れ、岩下と中岡は閏五月六日に鹿児島に着いた。そして中岡は西郷に木戸との会談を説得した。

一方土方は閏五月三日に長府につき、早速長州支藩の長府藩士たちと会い、三日、四日と続けて「薩長和解の件で、あれこれ談論」している（『回天実記』）。当時山口にいた木戸は土方に会えなかったが、長府藩士から西郷との会談話を聞いたと思われる。

木戸は直ちにこの会談話にのり、早速同月五日には長州藩庁あてに、十日前後に西郷が下関に来るので、彼に会って必ず督責《とくせき》（詰問）してみたいという旨の伺い書を提出した。

その後彼は土方と会って西郷との会談のことを論じあい、また翌六日には、その頃薩摩藩から長州探索の依頼を受けて太宰府から下関に来ていた坂本龍馬と会い、薩長問題で意見を交わしている。

木戸と龍馬および太宰府から龍馬に同道してきた五卿衛士の安芸《あき》守衛の三人は、西郷と中岡が載っている船が来るのを下関で待っていた。だが予定日の閏五月十日を過ぎても西郷の乗った船は来ず、次第に木戸は苛立ち始めた。この頃、木戸は支藩問題で苦慮している山口の蔵元役・用所役前原一誠（三十二歳、明治政府の参議となるが、明治九年の萩の乱の首謀者として刑死）・広沢真臣から一日も早く山口に帰るよう求められていたが、彼らに対して「薩摩の船はまだ来ません」と書き、西郷を待つことを知らせている（閏五月十七日付の木戸書簡）。

やっと二十一日になって中岡が一人でやってきた。西郷は中岡や岩下を伴って上京のため閏五月十六日に薩摩船で鹿児島を発ったが、そのまま京都に行ってしまったのだ。中岡は途中の十八日、佐賀関で下船して漁船を雇い、一人で下関に来たのである。彼は、日記「海西雑記」の二十一日条で、その時のことを「夜下関に着いた。坂本龍馬、木戸孝允、安芸守衛に会う」と記している。

では、本当に西郷のすっぽかし事件は起こったのだろうか。あの西郷があの木戸との約束をすっぽかしたというのであるから、多くの人の関心を引いているようだが、歴史研究者の中には事件そのものの存在を疑問視する人も少なくない。一方、西郷が佐賀関で下船しなかった（木戸と会おうとしなかった）ことは事実である。よって、この事件が起こったのかどうかを判定するには、西郷が本当に約束したかどうかを調べればよい。

西郷は木戸との会談を約束した

岩下と中岡が鹿児島についてから、久光の命により、小松は、自分と西郷のどちらが上京すればよいかを検討した。大久保は岩下と入れ替わる形で出京していたのである（閏五月十日入京）。そして小松はその結果を大久保に対して「今回の将軍進発はまことに重要事です。自分（小松）など四、五人が出京するより西郷一人が出京した方が天下国家のためになります」ので、西郷の上京に決めましたと伝えた（閏五月十五日付の大久保あて小松書簡）。

このようにして西郷の上京は決まった。恐らくはその後に、中岡が西郷に、下関に立ち寄って木戸と会うよう説得したと思われる。長州藩の代表者と会うかどうかは薩摩藩にとっても重要な外交問題である。当時鹿児島には藩主父子と西郷の上司小松がいた。彼らを差し置いて西郷一人では決断できず、彼らに相談したか、彼らの意見を求めたはずである。そして、この西郷・木戸会談は承認されたと思われる。西郷は中岡に対して下関に立ち寄って木戸と会うと約束した。現在、このことを示す史料が少なくとも二つは存在する。

木戸は、前原・広沢あてに、薩摩の船はまだ来ませんと書いた後、薩摩藩の様子を調べるために安芸を太宰府に派遣した。太宰府に行けば、鹿児島のことがかなり分かったからである。そして二日後の閏五月十九日付の前原あて書簡でその後のことを木戸は知らせた。この書簡が一つ目の史料である。これは二〇一六年に発見されたものである。

その書簡によれば「太宰府に帰ったはずの安芸が昨日やってきて、途中の黒崎で太宰府から来た五卿衛士で薩摩藩士の渋谷彦助と会った」という。そして渋谷から聞いたところによれば、何か故障でもあったのか中岡と岩下を乗せた薩摩船は七日頃（実際は六日）鹿児島に着いた。「ついてはあれこれ大議論もありました」が、いずれにせよ西郷は近いうちに必ず下関に行くので「ぜひとも木戸には待っていてくれるようにとのこと」だった。また念のため十四日には太宰府から鹿児島へ急飛脚を発たせたという（西郷と中岡は十六日鹿児島出帆）。

ここでの「大議論」とは、どのようなものだったのか。この文言のすぐ後に、木戸には西郷を待っていてもらいたいという話が出てくるので、少なくとも西郷と木戸の下関会談をめぐる議論を含むことは明らかである。しかもそれは大いにもめたが、結局は会談を認める結論になったということだろう。この議論の結果を受けて、西郷は中岡に木戸との会談を約束した。

もう一つの史料は同年七月の木戸・瓜生三寅《うりゅうみとら》対談である。

事件から二か月ばかりたった七月、木戸は越前藩の通訳・英学者瓜生三寅と対談した。その中で木戸は、閏五月二十一日に中岡が一人で下関にやってきて「西郷は下関に立ち寄ると約束していたが、今回、京都の一件が急迫してきたので、下関には立ち寄らない」と伝えてくれたと瓜生に話している（『改訂肥後藩国事史料』六）。これにより、西郷は下関に立ち寄ると約束していたこと、京都の一件の急迫によりそれができなくなったことが分かる。

だがこの史料の信用性については注意しておくべき点がある。というのは、木戸・瓜生対談の後の七月二十七日、伊藤博文と井上馨《かおる》（三十一歳、明治政府で外務大臣等を歴任）の二人が木戸に書簡を送り「先日あなたが会った瓜生三寅は至って姦物です。肥後の庄村某と結託、諸方を探索してその情報を幕府に知らせようとしています」と知らせているからである。よって、木戸も瓜生を姦物だと分かっていて、中岡の言を偽って話した可能性はある。一体、木戸は中岡の話をそのまま瓜生に話したのだろうか。木戸は瓜生に対して中岡の話以外の件も話しているので、まずそれらの発言の信頼性を考えてみる。

木戸は閏五月六日に下関で龍馬と会談した。その際、龍馬から薩摩藩に対する長州藩の思いを聞かれた。その質問に対して木戸は「自分は、（両藩が）相談しなくてもその事績が一致するよう、国家のためにお互いに努力すべきだと述べた」と瓜生に話している。また薩摩藩からやってきた龍馬の話から「自分は、薩摩藩は総じて滅幕の方針であると思った」と瓜生に話している。

さらに木戸は瓜生に、龍馬はその後しばらくして「大坂に向け出帆した」と語っている。だが実際は、後述するように、薩摩藩名義で武器を購入したいという長州藩の要望を西郷に伝えるために京都に向け出立したのであった。木戸は「薩摩藩名義による武器購入」という極秘事項や、それに龍馬と中岡が係わったという話はしていない。

瓜生に対する木戸の話はいずれも具体性がなく、幕府側に漏れても差し支えない一般的な話である。つまり用心深い木戸は、他藩人の瓜生には話の内容を選択し、ここまでは大丈夫という範囲の事実だけを話したのである。西郷が木戸と会談したという話なら重大なので瓜生には語れない。しかし会談しなかったのだから話しても差しさわりがないとして、中岡が話した通りに語ったと考えられる。なおその後、これらの情報は親幕的な肥後藩側に伝えられた。

前原あての木戸書簡は新発見史料であることもあり、これら二つの史料が研究者によって取り上げられることはほとんどない。だが無視してよいものでないことは明らかである。そして以上述べたことより、薩摩藩上層部での結論を受けて、西郷は中岡に対して木戸との会談を約束したと強く推測できるのである。

木戸（長州藩）への影響

西郷は中岡に対して下関で木戸と会談すると約束したが、彼はそれを反故にした。では、このすっぽかしは木戸や長州藩にどのような影響を与えただろうか。まず、西郷が下船しなかった理由は何か、つまりすっぽかした理由は何かを考察してみよう。木戸が納得する理由ならば、影響は少ないだろうし、そうでなければかなりの影響を与えた可能性がある。

西郷は、藩の意向もあって十六日に出帆する時は木戸と会うつもりだったが、佐賀関では下船しなかった。瓜生との対談では、その理由を中岡は木戸に「京都の一件が急迫してきたので」と語っている。このことが乗船前に分かっていたのなら、西郷は木戸と会うとは言わなかっただろうから、このことは乗船してから分かったのである。しかも「急迫してきた」というから、外部からもたらされたのである。西郷の乗った船は途中兎《と》の浦（日南市）と佐賀関（大分市）に立ち寄っているから、佐賀関で新しい情報が西郷にもたらされたと思われる。恐らく京都で活動している大久保が西郷に書簡で京都事情を伝えたのである。

将軍進発の情報が入った後、薩摩藩は情勢探索と長州再征を阻止する周旋活動のため大久保を京都に送り込んだ。

将軍進発が布告される以前、薩摩藩や第一次長州征討に関係した藩の多くは一会桑も含めて、見解は一致していた。彼らは、将軍が上洛して天皇や朝廷上層部および第一次長州征討に関わった諸藩と話し合って今後の対策を決定し、それを実行に移すことが何よりも重要だと思っていた。このようにして、薩摩藩や朝廷は将軍の上洛を求めた。

だが、将軍が上洛して衆議に加わったのでは幕府の優越性が否定されることになる。幕府は将軍上洛の要請を拒み続けた。一方で、幕府は長州に対して長州藩主父子と五卿の江戸への護送を要求していたが、長州側に拒否された。さらに、老中阿部正外《まさと》や松前崇広《たかひろ》等の幕府内再征強硬派の突き上げもあった。こうしたことから、将軍は自ら出陣して幕威を示さざるを得なくなり、将軍進発を布告したのであった。だが、進発先は大坂であった。そこを征討の本陣として対策を練ろうとしたのだ。進発先が京都であれば、天皇や朝廷上層部あるいは諸藩との会合もありうることになるので、それを避けるための上坂であった。

それともう一つ大坂に向けての将軍進発には大きな背景があった。文久二年（一八六二）の島津久光上京以来、政治の舞台は江戸から京都に移りつつあった。将軍が江戸にいたのでは全国を巻き込む政治的動向を把握できないところまで行き着く。当時は、長州処分や条約問題を軸に、朝廷や諸藩などの思惑が入り乱れていた。このような幕末の政局を的確に捉え、新たな秩序を構築するためには、将軍が畿内に滞在することが求められた（宮本敦恒「将軍進発期江戸・大坂間の幕府政務処理について――幕府勝手方に係わる決裁を中心に――」）。畿内の中心地が大坂であったから、上坂になったのである。

大坂を目指しての将軍進発には薩摩藩以下多方面からの反対があった。これを受けて幕府は、将軍進発を是とするような内容の勅命を天皇から出してもらう運動を始めた。勅命を出してもらうには、まず朝議（朝廷の会議）で決めなければならない。一会桑は朝議構成員の朝廷上層部に働きかけ、自分たちの陣営に取り込もうとした。孝明天皇自身は久光が京都を去ってからは慶喜を頼りにするようになった。それにともなって関白以下多くの廷臣も一会桑になびくようになっていた。

大久保が入京した（閏五月十日）のは、そのような時だった。早速彼は、翌日から朝廷上層部を歴訪して勅許阻止運動を展開した。彼の主張は他の多くの藩の主張と同じであり「長州処分問題は将軍上洛の後に関係者の衆議によって決定すべきであって、征討のことは軽々しく行うべきでないという勅書を出してもらう」というものだった。一旦は、大久保の主張が朝議で採択された。だが、このことを知った京都守護職松平容保（三十一歳）は関白二条斉敬《にじょうなりゆき》（五十一歳）に対して「将軍進発は長州征討のために行われるのである。しかるにそのような勅書が出されるようでは征討を実施することができない。自分たちがまず大坂に行って必ず軽率な行動がないよう周旋するので勅書降下は停めて頂きたい」と言った。関白は、その勢いに押されて、やむなくこの要求を受け入れた（『維新史』四）。朝議で大久保の主張が採択されたことは無駄になった。

それどころか、大久保が必死に活動していたさ中の閏五月二十二日に、勅語が発せられた。それは「征長方針については大坂で衆議を遂げて決め、言上せよ」「これからは一会桑らにもすべて相談せよ」というものであった（『孝明天皇紀』五）。これは一会桑勢力が望んでいた内容であり、緒戦は大久保の敗北であった。

大久保はこの間の経緯を小松に対して「近衛公は頑張っておられ、正親町三条実愛《おおぎまちさんじょうさねなる》卿も相変わらずで感服しています。朝彦親王（四十三歳）は拝謁だけを仰せ付かった程度であり、二条関白は都合を知らせると言ってきましたが、今のところ何の連絡もないので、当方からは伺いません」と報告し、「何分一会桑勢力が入説しており、廷臣たちは固められています」と一会桑の浸透ぶりを知らせた。そして「これ以上奔走しても無用であるだけでなくかえって薩摩藩にとって害にならないとも限りません。よって正親町三条卿と近衛公には十分説明しますが、それ以外の人には口を出さないつもりです」と書いて、今後の見通しが明るくないことを伝えた（閏五月二十七日付書簡）。

ところで、大久保が西郷の上京を求める書簡を書いたのは、西郷が佐賀関でその知らせに接した十八日以前である。急飛脚で知らせたとしたら、恐らく十三日頃に書簡を書いたのであろう。大久保が廷臣たちの囲い込み活動を始めてからわずか三日目である。まだ勅許は下されていなかったが、かなり悲観的な状況にあった。それでも驚異的な粘りを見せる大久保は、西郷の協力があれば一会桑勢力による再征勅許をまだまだ阻止できると考えて、至急西郷の上京を求めたものと考えられる。よって木戸が瓜生に語った「京都の一件」とは「一会桑勢力による再征勅許」のことと解せられる。

これに、もう一つの視点が加わる。幕府の拠点が大坂にもできるということである。

将軍進発が布告された時点で将軍上坂は確実となった。それは幕府の機能が江戸、一会桑のいる京都、それに将軍のいる大坂の三か所に分散されることを意味した。特に長州征討の問題は京都と大坂が舞台となる。京都では朝廷を取り込むための戦いが薩摩藩と一会桑等の間で展開された。一方、将軍上坂により、長州処分問題は大坂で評議されることが予想された。実際、その後は一会桑や在坂の幕府老中あるいは征長先鋒総督その他によって長州処分の問題が評議された。この新たな事態に京都の大久保が一人で対応するには無理がある。彼は西郷に助けを求めた。

以上より、当初の問題「西郷が下船しなかった理由は何か、すっぽかした理由は何か」に対しては以下のように答えたい。長州再征勅許が急迫しているので、それを阻止するには至急の対策が必要である。またこれからの大坂での阻止活動も大事である。大久保はこのような事態に自分一人で対処することに不安を感じ、西郷の助けを借りて二人態勢で対処したいと考えた。そこで彼は、西郷の至急の上京を求める書簡を佐賀関にもたらした。

なお、西郷は二十三日に京都に着いているが、前掲書簡で大久保は小松に、京都藩邸は「特別大幸で一同安心した」と伝えている。

さてここで改めて、このすっぽかし事件が木戸や長州に対してどのような影響を与えたかを考えてみたい。まず指摘できるのは、中岡から、西郷が来なかった理由が長州再征勅許を阻止するためであった、つまり長州藩を救うためであったことを聞いた時点で、木戸は状況を理解し、西郷や薩摩藩を恨みに思う気持ちは全然なかったと思われる。その後に聞いたとしても同様である。むしろ、薩摩藩に対して感謝の念が湧いたかもしれない。こうしたことから、西郷のすっぽかし事件はその後の薩長関係に対してプラスには作用しても、決してマイナスの影響を与えることはなかったと言ってよい。

薩摩藩名義による銃艦購入

西郷のすっぽかし事件の後、長州藩は対幕戦に備えて武備充実に本腰を入れるようになる。その流れの中で、小松・大久保のすっぽかし事件は起こる。

禁門の変で長州藩は薩摩藩・会津藩と戦って敗北したが、木戸孝允は明治に入って書いた「薩長両藩盟約に関する自叙」（以下「自叙」と略記）において、その原因は旧式の武器にあったと記している。また文久三年（一八六三）五月十一日、攘夷を藩是とする長州藩は豊前田ノ浦沖を航海中のアメリカ商船を砲撃した。それに対して六月一日、アメリカ軍艦が報復として長州藩の軍艦庚申《こうしん》丸、壬戌《じんじゅつ》丸の二隻を撃沈、癸亥《きがい》丸を大破させた。続いて翌年七月の禁門の変終結直後の八月五日、英米仏蘭の四国連合艦隊が下関海岸の砲台に攻撃を仕掛け、砲台を占拠し、破壊した。これは、長州藩が続けていた関門海峡の封鎖を解除して、各国の長崎港での貿易を壊滅的状態から救うためであった。

その結果、長州藩は、今後の陸上戦では新式の武器がなく、海上戦では帆船軍艦は数艘あったが、肝心の（蒸気）軍艦は皆無という状態になった（三宅紹宣『幕長戦争』）。

そして、すでに述べたように、幕府は四月十三日に長州再征令を布告した。その後、将軍家茂は閏五月二十二日に参内して、長州再征の理由（長州藩の内乱と上海での武器購入）を奏上し、天皇は再征の勅命を下した。家茂は二十五日に大坂城に入り、再征に備えることになった。一方、長州藩はすでに三月に武備恭順という徹底抗戦策を藩是としており、閏五月段階の長州再征は、軍事的衝突も避けられない状況であった。

こうしたことから、長州藩にとって、何としても陸上戦では新式の小銃を、海上戦では優秀な軍艦を十分に備えることが急務となった。だが、幕府の要請により英米仏蘭等の諸外国は長州藩の武器購入には協力しないことになったので、長州藩は一層密貿易に頼るようになった。

慶応元年閏五月、藩の要職に復帰した木戸は、彼が軍事改革の最高責任者として抜擢した大村益次郎と共に武器購入活動を開始した（閏五月五日付の藩庁あて木戸書簡）。

このような状況の中で西郷・木戸の下関会談が計画されたが、不発に終わった。だがそのことで木戸一派が薩摩に絶望することはなく、むしろ、改めて薩摩藩の真意を探りたいとの思いが出てきた。丁度この頃、下関に来ていた龍馬が、薩摩が長州との提携を望んでいるという情報を木戸にもたらした（「自叙」）。そこで木戸・伊藤・井上等は、長州藩が早急に必要とする武器を薩摩藩名義で購入するという方法を考え出す。つまり、薩摩藩が武器を購入した後に長州藩がその代金を薩摩藩に支払って譲ってもらうという方法である。これは、薩摩藩が同意した場合にのみ成立する方法であり、薩摩藩次第ということになる。したがって、龍馬が伝えたように、もし本当に薩摩藩が長州藩との提携を望んでいるのであれば、必ず応じてくれるはずだとの思いが彼らにはあったのであり、いわば薩摩藩の真意を測る試金石である。うまくいけば、武器が手に入るだけでなく、薩摩藩の真意が確認できたことになり、提携も前進するだろう。

木戸は、小銃の方は兵学寮都講試補の青木群平が長崎で交渉中なので、軍艦についてこの案を薩摩側に伝えてくれるよう当時下関にいた中岡慎太郎と坂本龍馬に依頼した。二人は同意した（「自叙」）。

その後、中岡と龍馬は伊藤・井上との間で細目にわたって協議を行い、京都の西郷に長州側の要望を伝えることになり、二人は閏五月二十九日に下関を出発した。間を置かず伊藤は六月二日、山口の木戸に書簡を送り「薩摩藩の名義を借りて軍艦を求めることは山県有朋《やまがたありとも》（二十八歳、後の第三代首相）も同意しました。京都での西郷との交渉が成功すれば龍馬は報告のため下関に帰るということを約束しました」と書いた。この文言から、薩摩藩との提携に厳しい態度をとった奇兵隊の軍監山県でさえ、薩摩藩の力を借りてでも軍艦はぜひとも必要だったことが分かる。

伊藤・井上の長崎派遣

中岡と龍馬は六月二十四日に京都薩摩藩邸で西郷と会ったようである（『西郷隆盛全集』年譜）。

そこで彼らは薩摩藩名義による軍艦購入問題を話したことは確実であるが、西郷は同意できなかったであろう。そのような重大問題の決定権をもつのは藩主父子とせいぜい筆頭家老の小松帯刀だけであり、西郷には決定権がないからである。その後中岡も龍馬も何らかの方法で西郷との会談の結果を長州側に知らせた形跡がないことが、そのことを示している。

このように、七月に入っても軍艦購入は前進しなかった。一方、小銃購入も長崎で英国商人グラバー（二十八歳）と交渉していた青木群平から、幕府に邪魔されてうまくいかないという知らせが届いており、木戸たちは追い詰められた。そこで木戸は高杉、伊藤、井上らと相談して小銃も軍艦と同じく薩摩藩の名義を借りて購入することにし、伊藤と井上を銃艦購入のため長崎のグラバーのもとに派遣することに決め、それを藩政府に報告した。併せて、独断で決めたことを詫びた（七月十三日付の藩政府あて木戸書簡）。木戸の意を受けて二人は十六日に下関を発った。

木戸は藩の了解も得ずに、独断で伊藤と井上を長崎に派遣している。これしか方法がなく、しかも今すぐという木戸の思い切った決断であった。これは薩摩藩名義による武器購入というアイデアを現実化する第一歩であり、勇断だったというほかない。

伊藤と井上は長崎に行く前に太宰府に立ち寄った。五卿に挨拶するためと、太宰府で長崎の薩摩藩関係者への関係をつけるためであった。彼らは十七日に太宰府に着き、直ちに土方久元を訪ねて薩摩藩士の篠崎彦十郎を紹介してもらった。この間のことについて伊藤・井上は、七月十九日付の藩重役（山田宇右衛門・兼重譲蔵・広沢真臣・前原一誠・木戸孝允）にあてた書簡で「現在長崎に小松帯刀がいて都合がいいです。篠崎に長崎で薩摩藩名義で銃艦を購入したい旨を伝えましたところ、長崎蔵屋敷留守居の市来《いちき》六左衛門への紹介状を書いてくれました」と書いた。さらにまた「今回のことで薩摩藩に対して違約などあっては国辱ものだから、この点忘れないで下さい」と念を押している。前途を暗示するようなスムースな出だしである。

木戸や伊藤・井上たちは銃艦購入で突っ走った。一方で彼らは、今回の独断的計画は切迫した状況ではやむをえなかったと理解しながらも、藩主の承認を得ていないことが気がかりだった。また小銃はともかく、軍艦の購入について専門部署である長州藩海軍局に話を通していないことも懸念の種であり、その方面から反対意見が出てくるのではないかと不安であった。

彼らの不安は的中し、海軍局は反対した。これまで海軍局が藩に対して軍艦購入を何度要求しても、予算の都合を理由に断り続けてきたのに、今回木戸の指示によるとはいえ、海軍局とは無関係の方面から軍艦購入の申し入れがなされ、しかもそれが採用されそうな状況になったことが解せないという理由であった。また海軍局は、軍艦購入では専門家である自分たちの意見を最優先すべきだと主張した。軍艦購入問題は海軍局の反対で大いにもめたが、結局、後に軍艦に改造可能な商船一隻を伊藤・井上の斡旋で購入し、砲艦二隻を海軍局の調査を経た後に購入することに決まり、八月三日藩主の裁可が得られた（『修訂防長回天史』五編）。

さて、薩摩側の許可を得て伊藤は吉村壮蔵、井上は山田新助に名を変え、途中の危険を避けるため薩摩藩士として太宰府から長崎に向かった。

二十一日、彼らは長崎に着いた。早速紹介された市来と会い、小松との面会希望を伝えたところ、小松は快く応じた。その時の様子を英国領事ガワーは七月二十七日付の公使パークスあて書簡において「数日前、イギリスから帰国した二人の長州藩士が、薩摩藩士と称して当地に姿を現し、現在私のよく知っている薩摩藩家老小松帯刀の庇護のもとに、当地の同藩邸に滞在している」と書いている。二人は文久三年十一月から約半年間、イギリスに留学していたのだ。木戸は、英語が話せることもあって、二人をグラバーのもとに派遣したのかもしれない。

二人は小松に薩摩藩名義による銃艦購入を依頼した。そしてそれは、思いのほかうまくいった。伊藤・井上は二十六日付の藩首脳部（山田・木戸・広沢・兼重・前原）あて書簡で、次のように書いた。

まず彼らは「小松その他に会い、薩摩藩名義による銃艦購入に関して一々示談したところ、案外に都合良くいき、周旋してくれることになりました。すでにグラバーと相談して銃はほとんど手に入れることができました」と書いて、小銃購入は話がトントン拍子で進んだことを知らせた。一方艦の購入に関しては大いに苦心し、その思うところを小松に述べて周旋を依頼したところ、彼は「周旋は薩摩藩の利益にもなるので、幕府の嫌疑は無視して、どのようなことでも尽力する。これからも力の限り長州を助ける」と言ってくれましたと記した。

つぎに伊藤と井上は「明後日から小松が帰藩するので、井上が同道して鹿児島に行くことになりました。伊藤は長崎に残って小銃の不足分を調達し、鹿児島から帰ってきた軍艦に買い入れた小銃を積み込んですぐに帰藩することになりました」と告げた。なお井上が小松に同道して鹿児島に行くことは近藤長次郎（二十八歳）の提案による。彼は土佐脱藩浪士で、薩摩藩の融資で六月下旬以降に長崎の亀山で作られた、航海業のための組織である「社中」の最有力メンバーであった。ちなみに、龍馬は当時京都にいたので、社中設立とは無関係である。

最後に二人は「小松は幕府の嫌疑など気にせず尽力・周旋してくれると言っており、このような特段の厚意に対して長州の藩論がころころ変わるようでは薩摩藩に申し訳ないので、自分たちも軍艦購入には死力を尽くしますが、藩の方でもしっかりと検討して速やかに軍艦購入を評決して下さい」と藩の適切な対処を要望した。

この二十六日付の書簡は画期的なものとなった。小松が伊藤と井上の要望に即時に応じた上に、今後長州を助けて「どのようなことでも尽力する」と言ってくれたが、それは薩長提携に対する薩摩藩の前向きな方針があったからこそ言えたのである。木戸等の藩首脳部が書簡に接した時、彼らは直ちにそのことを感じ取り、薩摩藩の厚意に驚愕・感謝し、そして、これにより自藩存続の途が開かれたと思って安堵《あんど》したと考えられる。

小松と伊藤・井上の会談は薩摩藩最大の実力者小松と長州藩最大の実力者木戸の股肱《ここう》の部下二人による会談であり、両藩最初の正式な会談であった。そしてそれは長州藩にとって僥倖《ぎょうこう》とも言える出会いであった。小松が当時、京都や鹿児島ではなく長崎にいたことが僥倖であり、また小松から厚意を示されたことが最大の僥倖であった。木戸たちの思い付きに端を発した薩長提携運動は、木戸の勇断と小松の決断によって結実へと大きく歩み出したのである。なお、後に我が国の初代首相になる伊藤はこの時二十四歳、早くも優れた交渉能力を発揮している。

さて小松と井上は、菅野覚兵衛、高松太郎その他の社中メンバーと共に七月二十八日に薩摩船開門丸で長崎を発し、八月一日に鹿児島に着いた。一方伊藤は長崎に残り、小銃購入を斡旋しながら井上が帰ってくるのを待った。井上は二十日間ほど鹿児島にいて、二十二日に長崎に戻った。こうして銃艦購入問題は一応山を越した。

八月七日、最上級の役人である当役中と政府員が呼び出されて御前会議が開かれた。広沢真臣の実兄だった直目付柏村数馬の「柏村日記」によれば「薩摩藩に働きかける」件での会議だったが、その結論ははっきりしない。だが後の事績に照らして判断すれば、近く下関に来る薩摩人に対する応接・待遇の準備並びに薩長融和の画策が決められたことと思われる（『松菊木戸公伝』上）。翌八日、藩主は木戸に下関出張の藩命を下した。木戸は十一日に山口を発し、翌日下関に着いた。

小松・大久保すっぽかし事件

井上は鹿児島に着いてまもなく、薩摩藩の要人と会談している。『小松帯刀伝』によると、小松が吉野実方《さねかた》（鹿児島市吉野町実方）にある市来六左衛門の別荘で薩摩藩家老桂久武、大久保利通、軍奉行伊地知正治その他を井上に引き合わせ、彼らはそこで薩長親善の談合を行っている。そしてその時、薩摩側と井上の間で、皇国の隆盛のためには倒幕・大政奉還、ひいては薩長提携が必要であるということで意見が一致し、そのため、小松と大久保のどちらかが小銃を積み込む予定の汽船に乗り込み、下関で木戸等と会談するという話がまとまったとされる（『井上伯伝』他）。

この会談計画は事実と思われる。在長崎の伊藤が八月九日に木戸にあてた書簡で「小松と大久保のどちらかが、小銃を積み込んだ船に乗り込み、途中の下関に立ち寄って木戸と会談してもらう手はずになりました。そこでその前に下関に出てきて下さるようお願い致します」と書いているからである。大事な話なので、井上がすぐに伊藤に知らせたのであろう。

当時下関にいた木戸は十二日に伊藤の書簡に接して翌日山田あてに書簡を送り、小松・大久保の応接準備を依頼し、また購入予定の軍艦検査に海軍局員二人に中島四郎を加えるよう依頼した。これを受けて山田は木戸の書簡を広沢に見せて相談した。そして広沢は、木戸の斡旋によって軍艦購入の途も開かれ、薩摩藩との提携もようやく実現しそうになったことを喜び、小松・大久保の待遇に関しても木戸の意見に従うことにした（『松菊木戸公伝』上）。

さらに山田は十五日付の木戸あて書簡で「薩摩船は下関に着いたらすぐに上坂し、今回は小松か大久保が乗船しているとのことだが、そうなら我が藩の幸いです。（七日の）御前会議で裁可された方針で応接することが肝要と考えます」と書いた。

また、広沢も同日付の山田あて書簡の中で「小松・大久保の来関は我が藩にとって大幸これにすぎるものはありません。二人への贈り物は三処物がよいでしょう」と書いている。さらに翌日、藩政府（山田・中村・広沢）は木戸に書簡を送り「小松・大久保の来関は至極都合がよいです。藩のため（八月七日に決められた）藩是の確守に尽力願います」と要望した。

短い間に藩首脳部の間でやり取りされた書簡での「大幸」という言葉が示すように、小松・大久保来関の知らせは大きな驚きと喜びで以て迎えられた。薩摩藩が手を差し伸べてくれることは長州藩にとって大きな救いだったのだ。薩摩藩の助力により小銃購入の道がつけられ、軍艦購入も何とか実現しそうであり、軍事力強化のめどがついた。また長州征討に対して薩摩藩が非協力の立場をとることはすでに閏五月段階で龍馬から知らされていたと思われる。

だが、一方幕長関係で言えば、七月九日に幕府は長州処分案を決するために徳山藩主毛利玄蕃《もうりもとみつ》と岩国藩主吉川経幹に大坂城に来るよう命じていたが、同月二十七日に長州藩主と支藩主四人一同が山口に会して幕命を拒否することを決し、それを広島藩経由で幕府に告げていた（『修訂防長回天史』五編）。これにより幕長関係は決定的に険悪なものとなった。そういう状況の中で、会談のために小松・大久保が来関することになったのだ。これは長州藩にとって大きな希望を与えるものと映ったに違いない。

藩首脳部はすぐに応接係を木戸に依頼し、進物の選択に取り掛かった。当初、三処物（小柄《こづか》・笄《こうがい》・目貫《めぬき》）を各地で捜したが、適当なものが見つからず、いろいろ検討した挙句、結局、鍔《つば》や太刀（小松には名刀吉岡一文字、大久保には新刀肥前忠国）に決定した。小松や大久保は明日にも到着するかもしれず、研ぎ直した太刀を翌日、早馬で下関に届けるという具合で、彼らの慌《あわ》てぶりは相当なものであった（八月十五日付、十六日付の木戸あて山田書簡）。

このように彼らは大いなる期待をもって小松や大久保の下関到着を待っていた。だが小銃を積載した軍艦が二十六日に下関に着いた時、小松も大久保もその艦には乗船していなかった。そのことを知った木戸は早速、翌日付の山口の山田あて書簡において「主だった人物は一人も来ませんでした。船将もまことに愚直な人柄で天下の形勢などは格別知っておらず、ただ薩英戦争の時の戦功等で船将に選ばれたと聞いています」と書いて失望の念を表した。

この時長州藩が購入した小銃はミニエー銃（先込式ライフル銃）約四千挺であり、ゲベール銃約二千挺は別の日本船で十月三日に届けられた。こうして十月初めになると、以前三月に大村が壬戌丸を売却した代金で購入していたゲベール銃約千挺も加えて小銃に関しては一応の体制が整った。

その後木戸と井上は山口に入って、九月六日に藩主毛利敬親に謁見した。その際井上は、下関出発後の長崎および鹿児島での交渉状況、小銃購入と運搬の経緯などを詳細に述べた。そしてまた特にその間の近藤長次郎の働きが抜群であったことを強調し、彼を引見して軍艦購入のことを依頼してほしいと上申した。それを請けて敬親は、早速翌日に近藤を引見した。その時の様子を柏村数馬は「柏村日記」の九月七日条で「薩摩藩士近藤長次郎が召し出され、藩主父子が引見された。そして薩摩の藩論をお聞きになり、伝言の旨述べられて自らの書簡を彼に託された。さらに近藤に三処物を下賜された」と書いている。この謁見での近藤は薩摩藩士の資格で相対したのであった。

近藤に託された書簡は九月八日付の長州藩主父子から薩摩藩主父子にあてたものである。この書簡は「薩長二藩の融和の上に至大な力を与えるものであった」（『維新史』四）と評されるだけでなく、この書簡の送付をもって薩長同盟は成立したとする新説（高橋秀直『幕末維新の政局と天皇』）が出現するほど重要なものである。以下、簡単にその内容を紹介する。

まず藩主父子は挨拶の後、昨年の禁門の変は家来の者が心得違いで起こしたものであると弁解し、続いて、幕府の外国に対する対処が悪くて人心も動揺し、朝廷の威徳も衰微してしまったので「微力も顧みずに周旋しようとしましたが諸事齟齬《そご》が多く、自分たちの志も貫徹しないで今日に至り、残念です」と書いた。

そして、今回鹿児島から帰ってきた井上馨の話によると、薩摩藩では勤王の正義を特に大事にされているということで「大変敬い、尊敬しています。皇国のためこの上ないと、陰ながら大いに喜んでおり、今後とも宜しくお願い致します」と記した。

最後に、井上が歓待されたことへの礼を述べてから、再度「今後ともどうぞ宜しくお願い致します」と書いた（『玉里島津家史料』四）。

ところで、井上が鹿児島入りしたのは、薩長提携促進のみが目的ではなく、むしろそれ以上に、目下最大の急務である軍艦購入での協力を依頼するためだった。よって、ここでの「今後ともどうぞ宜しく」とは軍艦購入でも協力を宜しくお願いしますという意味も含まれている。

さて長州藩主父子との謁見の後、近藤は下関で伊藤や井上と相談した後、薩摩藩が軍艦を購入してくれるよう交渉するために鹿児島に向かった。そしてその後のことについて、近藤は十月十八日付の井上あて書簡で、十月八日から小松の屋敷に逗留したこと、薩摩藩の君侯に謁見できたこと、軍艦購入の件では「大議論」もあったが、今回も「小松の大尽力」で購入の許可が出たことを知らせた。

続いて近藤は、（下関で伊藤や井上と相談して決めたように）「船印と国号は薩摩のものを使用し、（操船のできる）社中メンバーが乗り込んで航海することになった」と伝え、今長崎に戻って「今日ようやく船（ユニオン号、薩摩名・桜島丸）を受け取った」と報告した。

近藤は薩摩藩主父子への書簡を託されていたから、薩摩藩主島津忠義あるいは国父久光に謁見できたのは当然だが、肝心の軍艦購入の件では大議論になった。薩摩藩側が購入をすんなりとは認めなかったのである。小松自身は七月二十一日に伊藤・井上に対して「なんでも尽力する」と言っていたので、恐らく他の重臣が反対したのであろう。

その時の薩摩藩の内情について、長州藩士品川弥二郎（二十四歳、明治政府では内務大臣等を歴任）が薩摩藩士黒田清隆（二十七歳、第二代首相）から聞いたことを木戸に伝えた書簡がある。それによると黒田は品川に「近藤が長州藩主に拝謁した時、軍艦購入のことを直接依頼されたので、彼はすぐに鹿児島に行ってこの件を薩摩藩主や小松等に相談しました。ところが、小銃購入は問題ないが、軍艦はどの藩からどの藩に売り渡したかが諸方に分かってしまうので、簡単に購入することはできないと断られてしまいました。そこで近藤は長州藩の事情や長州藩主からの依頼であることを諄々と説得しましたので、漸く購入に決定致しました」と語ったという（慶応二年二月二十六日付の木戸あて品川書簡）。

これら二つの書簡が示すように、軍艦購入は薩摩藩でも反対があって容易には認められなかった。近藤は今回も小松の大尽力で成就したと書いているが、それだけでなく、近藤が必死の思いで藩主や小松その他を説得してようやく購入が許可されたというのが実情であろう。このことだけでも近藤の銃艦購入問題での並々ならぬ貢献が見て取れるのである。

ところで、小松や近藤の活躍でやっとユニオン号（桜島丸）の購入が決まり、幕府に疑われないために、船印、国号、船名は薩摩の名前にすることに一旦は決まった。しかしそのことについても長州藩海軍局が猛反対し、完全な解決は先に延ばされた。ユニオン号はいったん薩摩藩が購入し、後に長州藩が薩摩藩にその代金を支払うという形で長州藩に購入された。海軍局は、代金を支払った以上、船印と国号は長州の名前を使うのは当然だと考えて、社中メンバーの乗り組みを拒否した上、船名も乙丑丸《いっちゅうまる》にすると主張したのである。

この問題は尾を引き、海軍局、近藤を含む社中メンバー、それに龍馬も加わってその後も議論が行われた。薩摩藩でも問題になっていた。薩長同盟締結後の慶応二年二月初旬、長府藩士時田少輔が岩国藩士塩谷鼎助《しおのやていすけ》に語ったところによると、前年十二月、薩摩藩は龍馬を長州藩に派遣し、彼を通じて「ユニオン号問題に関わった人たちは疑問も解けて互いに氷解しているが、薩摩の国許の人々は氷解に至っていない。そこで、何とぞ桂小五郎（木戸孝允）殿を使者として大坂薩摩藩邸まで差し向けて頂きたい。そうすれば、よくよく相談もでき、長州側の都合もよくなるので、この件どうぞお聞き届け下さい」と伝えさせたという（『吉川経幹周旋記』四）。この時の龍馬の長州派遣は永井尚志の糾問状況と長州事情の探索が目的だったが、ユニオン号問題解決のための木戸上京の要請もあったことが分かる。

また同じ頃、西郷等の薩摩藩首脳部は黒田清隆を長州に派遣して木戸の上京を要請させている。

黒田の場合、上京要請の目的をどう伝えたのかは不明だが、薩長同盟が締結された会談での話題としては、木戸は、ユニオン号問題は「小事」だったとしている（慶応二年一月二十三日付の龍馬あて木戸書簡）。薩摩側は、黒田には別のもっと大きな問題、長州再征への薩長の対処問題を検討する目的で木戸の上京を求めさせたのだと思われる。

結局、ユニオン号問題が最終的に解決したのは慶応二年一月の同盟締結後のことだった。

すっぽかし事件の影響

ところで、なぜ小松や大久保は乗船しなかったのだろうか。この話はもともと八月初めに井上と薩摩藩要人の会談が行われた時に出た話であるが、その際井上が誤解したのかもしれない。だがより説得力のある説明は、薩摩藩には小松・大久保と木戸の会談に反対する勢力があって、二人がその後自分たちの主張を通しにくくなり、会談を断念せざるを得なくなったという説明である。つまり幕府をなお強大な力を持つものと考えて、長州藩首脳部と会談することで朝敵長州と関わりを持つことが幕府に露見することを恐れた勢力があったということである。

実は、木戸もこのように考えていたようである。前掲二十七日付の山田あて書簡で木戸は「薩摩藩では大体のところ、長州を仇敵のように思っている感じですが、（小松や大久保等の）有志者はその辺のところは氷解していても、要路は合体・合力ということになると容易ではなく、長州藩は薩摩藩の足元にも寄り付くことができません」と書き、さらに、このような薩摩藩の内情では「薩長提携は尋常のやり方では成就できません」と嘆息しているからである。この時は鹿児島から帰った近藤や井上もいたので、木戸は、軍艦購入問題が薩摩藩では大議論となり、幕府の嫌疑を恐れる勢力、薩長提携の足かせになる勢力のあることを聞いたと思われる。

では、このすっぽかし事件は長州藩に対してどのような影響を与えただろうか。

木戸等の藩首脳部は薩摩側との会談に大いなる期待を持って待機していたが、それは閏五月の西郷の場合に続き不首尾に終わった。この連続的期待外れで薩摩藩への不審感が改めて生まれ、不安な気持ちになったことは十分想像できる。だが一方において、幕府の征長方針や朝敵であることは変わらなかったので、彼らは薩摩藩の内情に理解を示しつつも、やはり薩摩藩へ期待し、薩長提携の可能性を模索せざるを得なかった。何よりも薩摩の尽力によって喉から手が出るほど欲しかった小銃が入手できたという事実、軍艦も入手できそうだという手応えは、提携論者を力づけた。のみならず、それまで対薩慎重論者であった広沢でさえ今回は「これまでの行き掛りもあるから反対者が少なくないことも当然であり、正しい判断ができるようになれば確執も氷解されるでしょう」と薩摩藩への理解と提携への賛意を示している（八月二十八日付木戸あて書簡）。さらにまた山田も「小銃来着を待ちかねていた、薩長提携の考えが思い浮かぶ」と書き送っている（八月二十八日付の木戸あて書簡)。

提携に対する前向きな姿勢は、何よりも藩主父子から薩摩藩主父子への書簡に見いだすことができる。藩主父子から藩主父子への書簡であるから、その内容の中に長州藩全体の意向が顕れていると理解するのは自然である。すでに述べたように、藩主父子の書簡では、軍艦購入での協力依頼と今後の提携への協力依頼の二つの依頼が書かれている。薩摩藩では小松、西郷、大久保等の有志者は長州藩との提携を志向しているが、反対勢力も存在していることを承知した上で、薩摩藩全体としては提携に向け動いているとの状況判断のもとに、藩主父子は依頼の文言を記したのである。

また、長州藩政府は支藩に薩摩藩と物産交易の締約を結んだことを告げて九月九日、藩内に対して「薩摩藩の軍艦や商船その他がやがてやってくる。その時は万事手厚く対処し、薪水その他欠乏の品を買い求めたいと言ってきた時は販売すること」という命令を発した。この任に当たったのは木戸と高杉であり、将来の提携を見越しての処置であった。同時に、長州藩政府は銃艦購入に尽力した小松、桂久武、大久保、伊知地、市来等の薩摩藩士に物を贈っただけでなく、小銃輸送の労をとった船長、士官、火水夫等にもまた物を贈って感謝の意を表した(『修訂防長回天史』五編)。

このように、薩摩藩との厚誼を求める藩主父子書簡、薩摩藩との物産交易の締約や薩摩藩士等への物品の贈与等をみると、長州藩が提携に自ら一歩踏み出したことは明らかである。

小松や大久保の違約が藩内の提携反対論者を勢いづかせたかもしれないが、木戸等の提携論者に提は大きな影響は与えなかったようである。小松・大久保のすっぽかしに言及した史料としては前掲八月二十八日付の山田あて木戸書簡以外に直目付林良輔の八月二十九日付木戸あて書簡がある。林はそこで「小松・大久保は来なかったとのこと」と書きつつも、失望や批判めいたことは書いていない。

七月の小松と伊藤・井上の対談以降、薩摩藩は長州藩に対して予想をはるかに超える厚遇を示してくれたし、また銃艦購入も藩内の反対論を抑え、幕府の嫌疑を受けながらも尽力してくれた。一方長州藩内では、木戸およびその同調者は念願であった軍事力強化に大きく貢献したことにより、広沢その他の賛同者を集め、藩内での地位を大きく上昇させ、確実なものにした。それに自信を得た木戸たちは薩摩藩の内情が分かった以上、小松・大久保のすっぽかしを仕方のなかったものと捉え、それに固執することなく、更なる対薩関係を志向するようになったと考えられる。

三　慶応元年秋・冬の薩長関係

幕府の誤算

閏五月二十三日に将軍徳川家茂が大坂城に入ってから約三か月、幕府が征討の姿勢を見せ、長州側に要人の大坂城招致を命じてもなかなか埒が明かなかった。征長は進捗せず、非常に動きが鈍くて時間がかかっているような印象を受ける。それは、幕府の長州に対する認識が甘かったからである。

前年秋の第一次長州征討では、将軍は進発しなかったが、一滴の血も流さずに平和裏に終結した。それは、征長総督や西郷、特に岩国藩主吉川経幹あるいは高崎五六等の貢献が大であったからである。だが幕府はそのように考えずに、それは、幕威に屈したからであると理解していた。今回は将軍が直々進発したのであるから、それで十分で、すぐさま長州藩は恐れ入って折れてくるものと考えていたようである。だが武備恭順を藩是とする長州藩は二度にわたり幕府の招致を拒否した。幕府にとっては全く想定外の出来事であった。

また、征長への参軍を命じられる諸藩にしても、経済的な負担もあり、それに賛成する藩は少なかった。さらに幕府内におけるヘゲモニー争いもあった。征長に積極的な一会桑、特に慶喜が主導的役割を果たして、将軍が大坂城に本営を置くようになったが、一向に出兵の様子は見られなかった。その間かなりの時間がたって出兵のため大坂城で待機している兵士の士気は落ち、彼らへの経済的出費も大きくなって、幕閣は一会桑に大きな不満を抱くようになっていた。こうしたことから、長州藩に対しても、また幕閣に対しても、慶喜たち一会桑は征長を早急に行わなければならない状況に追い込まれた。

そこで慶喜たちは状況打開のため、例によって天皇の権威を利用するという方法をとった。天皇に長州征討の勅を出してもらうのである。天皇の命令であれば誰も反対することができず、諸藩を動員することができるのである。

長州征討勅許に対する薩摩藩の抵抗

将軍家茂は征長勅許を出してもらうため九月十五日、大坂城を出て翌日京都二条城に入った。彼は、長州藩に要人の大坂城召還を命じたが応じないのでやむなく進発して罪状を糾《ただ》したいのだという言上書を朝廷に提出した。またこの頃、英米仏蘭の四国連合艦隊が兵庫沖に現れ、幕府に対して安政の通商条約の勅許と兵庫港の開港を要求してきた。これらの件は二十日に朝議にかけられた。ここでは、長州再征勅許問題だけを考察する。

さて薩摩藩では、このような状況に対処するため、大久保利通が八月二十五日に鹿児島を出発して上京、京都で長州再征勅許問題に対応することになった。一方西郷は九月中旬、吉井友実と共に京都から大坂に向かい、坂本龍馬を兵庫に派遣して四国連合艦隊の情報収集に当たらせ、兵庫開港問題と条約勅許問題に対処することになった。

薩摩藩は、長州再征勅許と兵庫開港・条約勅許の二重要問題は、諸侯を国許から招致して衆議させ、いろいろ議論した上で決するという方針で行くべきだと考えていた。しかし大久保自身は朝議に参加することはできないので、廷臣を説いて先の方針を採用させようとした。

結論的に言えば、閏五月の勅許騒動と同様、朝議では慶喜によって反対派の公家たちはねじ伏せられ、九月二十一日に長州征討の勅許が下された。だが大久保はそれでも長州征討の勅許を覆すために猛烈な反対運動を展開した。彼が長州のために行った努力は、いかに薩摩藩が長州藩に厚意的であるかを示すことになるので、以下少しばかり詳しく紹介してみよう。

九月二十日、九条道孝・一条実良《さねよし》、長州再征賛成派の朝彦親王・二条関白・徳大寺公純《きんいと》、反対派の山階宮晃親王《やましなのみやあきらしんのう》・近衛忠房・正親町三条実愛《おおぎまちさんじょうさねなる》といった廷臣、一橋慶喜・松平容保・松平定敬の

武臣たちの出席のもと、小御所《こごしょ》で長州征討と将軍進発について会議が開かれた。だが、結論は容易に下されず、ようやく徹夜の議論で幕府の主張通りに決したのは、翌二十一日の朝六時頃のことである。その朝議の模様は、『朝彦親王日記』の九月二十日条に書いてある。それによれば、以下のようであった。

朝廷は諸侯を招致して公論で決するのがよいと見解が一致し、一会桑に意見を求めた。だが、彼らは、外国船来航の件は老中阿部正外が大坂に行って応接しており、退帆させるので安心してほしいと主張し、また諸侯招致は時間がかかり、その間にどんなことが起こるか分からず、幕府の職掌もまっとうできないのでぜひ長州征討の件は認めてほしいと言い張った。一会桑はこちらの言うことを全然聞き入れず、とうとう夜も明けて長州征討が内定となってしまった。

慶喜が、強引に幕府の主張を通させた様子がよく分かる。大久保は近衛忠房から結果を聞かされたが、二十一日中には将軍家茂が参内して、朝議で決定された幕府案通りの勅許が出されると予想されていたので、その前に幕府案通りの勅許を阻止しなければならないと考え、内心気が気でなかった。そこで彼は猛烈な阻止運動を展開した。一旦決定した朝議の結論を一人で覆そうとしたのだ。彼の面目躍如たるところで、英雄肌の人物だったことが分かる。

彼の阻止活動は、九月二十三日付の西郷あて書簡で述べられている。この書簡は西郷あてになっているが、単なる個人的書簡ではない。そこでは征討勅許の経過が細かく記されており、藩主父子に対する報告書であると同時に、今後薩摩藩はこのような方針で行きたいので承認してほしいという内容を併せ持ったものであった（佐々木克『幕末政治と薩摩藩』）。

この書簡は非常な長文であるので、要約して紹介すれば以下のようになる。

まず二十一日の午前中、大久保は再征賛成派の有力者朝彦親王（四十二歳）邸に行った。そして彼は、天下万民が納得する勅命こそが真の勅命であるとした上で「長州再征に道理はない。よってもし朝廷がこれを許可すれば、それは非義の勅命である。非義の勅命は勅命でないので奉じることはできない。今、勅命に従わないから長州を征討すると言われるが、列藩は非義の勅命には従わない藩だらけで長州と同じになる。すると列藩も長州と同様に征討しなければならなくなるが、その時はどう対処されるのか」という論法で詰め寄った。

当惑した朝彦親王は「なにしろ一会桑の勢いが強くて自分一人の力ではどうにもならない」と言い出した。そして最後には、二条関白のところに行くようにと大久保を追い払った。がっかりした大久保は「朝廷これ限り」の言葉を投げ捨てて二条邸に向かった。

同じく再征賛成派の二条関白邸に着いたのは午後二時だった。大久保は二条に対しても「一旦謝罪した長州を元の朝敵に戻すというのは理解しがたい」と詰め寄った。それに対して二条は閉口して「内定を覆せば一会桑が辞職を言い出し、幕府と朝廷の関係が隔絶してしまう」と言い訳した。長い議論に疲れ果てた二条は最後に、近衛忠房、朝彦親王、晃親王《あきらしんのう》と相談して尽力すると約束した。それを聞いて大久保は退出し、すぐさま近衛邸に行き、同様のことを話したが、終わったのは午後六時であった（『大久保利通文書』一）。

『続再夢紀事』四によれば、二条関白はその後参内している。大久保の主張も一理あると思ったのかもしれない。そして慶喜に対して、大久保の意見を容れて、長州征討のための進軍はよくないので再検討すべきだと話した。それを聞いた慶喜は激怒して「将軍が参内されているのに匹夫《ひっぷ》（大久保）の言うことを聞いて無駄に時間を費やし、のみならずその主張に動かされて軽々しく朝議の決定を変更するとは実に天下の一大変事である。われら一会桑一同職を辞するほかない」と恫喝《どうかつ》した。関白はその剣幕に驚き、困り果ててしまった。なお論争は続いたが、結局二十一日の深夜、天皇の最終的決断（叡慮）によって、ついに長州征討の勅許が出されてしまった。

前掲西郷あて書簡によれば、前日の結果を知りたいと思った大久保は、二十二日早朝、再び朝彦親王と二条関白を訪ねた。朝彦親王の説明によれば、二条関白、近衛忠房それに晃親王と共に一会桑と長州征討のことで議論したが、結論が出ないので天皇に判断を仰ぎ、最終的に幕府案採用に決したということだった。そして、このことは「遺憾に思うが、返す返すも宜しく」くみ取ってほしいと「浅ましい」挨拶をした。関白も同様の説明をした。

このようにして、長州征討の勅許が下されて、この問題は一会桑勢力、特に慶喜の圧倒的勝利に終わった。

大久保の阻止運動と新しい対策

今回の勅許問題では、大久保は懸命の阻止運動を展開したが、結局は慶喜の前に敗北した。天皇や廷臣に対する慶喜の影響力の大きさに改めて大久保は気づかされたと言ってよい。一会桑が京都にいるようになってから、彼らはじわじわと朝廷内に浸透していった。山階宮《やましなのみや》は、島津久光に対して九月八日付の書簡で朝廷の様子を知らせている。それによると、重要でない問題は一会の周旋方が二条関白や朝彦親王を訪問して「内々に言上」し、重要事項に関しては慶喜と松平容保が直接関白に言上するような「役割分担」が行なわれており、二条関白は「一会桑に任せている」といった状態であった（『玉里島津家史料』四）。

勅許が出された後の二十四日、大久保と西郷は今後の対応策について相談した。そして彼らは、有力な諸侯が上京・相談して幕府の方針転換を図るというアイデアを思い付いた。そこで越前（福井）藩の松平慶永《まつだいらよしなが》（春嶽、三十八歳）には大久保が、宇和島藩の伊達宗城《だてむねなり》には吉井友実が、島津久光には西郷が行って上京を説得することになった。それだけでなく西郷と大久保は龍馬を長州に派遣することにした。

西郷は九月二十六日に胡蝶丸で大坂を出帆し、十月三日に鹿児島に着いた。そして久光や忠義に謁見して上洛を勧めた。だが、すでに条約も勅許されて四国艦隊も兵庫から退帆しており、久光は上洛しないことになった。その代わりに西郷と小松が上洛して京都情勢に対処することになり、二人は十五日に鹿児島を出発し、途中長崎に寄って二十五日に京都に着いた。

吉井は十月二日に宇和島に着いて宗城に謁見し、三日間にわたって上洛を説いたが、宗城は、諸侯会談の効果を疑問視して上洛の勧めには応じなかった。

一方、大久保は二十七日に福井に着いて慶永に謁見、上京を要請した。慶永は同意して大坂に向け十月一日に福井を出立したが、途中の今庄で上坂を中止して引き返した。その理由として、彼は三日付の慶喜あて書簡で、大久保が越前藩にきたことで上坂しては薩摩藩と同論ではないかと朝幕から嫌疑を受けかねないことを挙げている。親藩の越前藩としては、征討阻止という反幕的立場の薩摩藩と同論とは思われたくなかったのである（『続再夢紀事』四）。

ところで、西郷と大久保は前掲二十三日付の西郷あて大久保書簡の写しを二通作った。このうちの一通は久光に上洛を勧めるために帰藩する西郷が持参して藩主父子や小松等に見せ、もう一通は龍馬が持参して長州藩首脳部に見せることになっていた。このことからも、大久保書簡が単なる私信ではなく公文書であることが分かる。

龍馬の長州派遣

前述したように、西郷と大久保は龍馬に長州行きを要請した。それに応じた龍馬は鹿児島に向かう西郷と一緒に九月二十六日に大坂を出帆した。二十九日周防上関《すおうかみのせき》（山口県熊毛郡上関町）に着き、そこで鹿児島に向かう西郷と別れて翌日柳井に上陸し、十月三日三田尻に着いた。そこで龍馬は三田尻に所用で来ていた楫取素彦と偶然出会い、その来意を告げ、京坂の近況を説明した。その内容に驚いた楫取は、予定していた芸州行を中止して龍馬と一緒に山口に帰った。当日の夜半、楫取は藩重役山田宇右衛門を訪ねて龍馬のもたらした情報を伝えた（『修訂防長回天史』五編）。

山田は翌日早朝に藩首脳部にその件を伝えたが、「柏村日記」の十月四日条によれば、土佐藩坂本龍馬は薩摩藩から派遣されてきており、その目的は「長州征討の勅が出されてしまって申し訳ない。薩摩藩は相当尽力したが、止めることができなかった。この上は兵力でもって幕府を強くいさめるために西郷が船で帰藩した。そして再上京の際、下関で兵糧米の借用を希望している」ということを長州藩側に伝えることであった。

この重大事態に藩首脳部は素早く対応した。四日、龍馬に応接する前に山田・広沢らの首脳部は下関の木戸に書簡を送り、柏村日記に記されたような龍馬情報を伝え「これから政府員が龍馬と応接するが、それが済んだら龍馬は下関に行くので彼から詳しい話は聞きとって欲しい」と書き、また兵糧米の調達の仕方についていろいろな可能性を考慮して、木戸に依頼している。

藩首脳部は、龍馬と応接して彼から直接事情を聞く前に楫取の情報だけで直ちに兵糧米支援を決定している。龍馬が楫取に詳しく説明していたことが分かる。実際、龍馬は細部に渡って事情を知っていた。それは龍馬が十月三日に下関在の土佐脱藩浪士池内蔵太《いけくらた》あてに書いた書簡から分かる。その中で龍馬は「二十一日に家茂が参内して征討の勅許を奏上した。その朝に大久保が朝彦親王と論じ、午後に二条関白と論じた。非義の勅命が下った時は薩摩藩は奉じないと大久保が痛論した」と記しているからだ。これは西郷と大久保が龍馬に話したか、あるいは　龍馬に持たせた書簡を読ませたからだと思われる。

広沢は四日の朝、松原音三、楫取素彦と共に龍馬と対面し、兵糧米の件は承諾したと伝え、その際、龍馬が持参した大久保の西郷あて書簡の写しを受け取った。そして同日下関の木戸に書簡を送り、大久保の働きについて「実に驚愕に耐えざる次第」と書いて喜びを表した。そして続けて「幕府がいかほど暴挙にでても、それは覚悟していることである。これまで決議してきたように必戦は勿論で、勝利しなければ多年の正義は貫徹しない。いつ敵兵が襲来してきてもいいように早々と準備しておきたい」と改めて決心のほどを木戸に伝えた。

広沢の動きは早く、翌五日には岩国藩の家臣山田右門を政事堂に呼び出して「薩州坂本龍馬が西郷に同道して上関まで下り、さらに三田尻に来たので自分が龍馬と会って大久保書簡を受け取った。その内容は極密であり他の支藩には知らせないが、岩国藩にはこれまで格別の配慮をしていただいたのでお知らせする」と伝えた。山田は書簡を写し取って岩国に持ち帰った（『吉川経幹周旋記』四）。広沢は、龍馬を薩摩藩の正式の使者と理解していたのである。

また最初に龍馬情報をもたらした楫取も五日付で木戸に書簡を送って、龍馬は木戸を目指してきたことを知らせた。その龍馬であるが、その時偶々《たまたま》長州に来ていた鳥取藩士の八木龍蔵（北垣国道）が五日に龍馬と会い、下関に行くという龍馬に五日付の木戸あて書簡を託した。

したがって龍馬は、木戸との会見が主目的だったから、八木と会ってすぐに下関に向かったと思われる。そして遅くても七日には下関に着いたであろう。ではいつまで下関にいたのだろうか。この点については、広沢の十五日付木戸あて書簡で「龍馬は十三日までは下関にいる」と書かれている。『松菊木戸公伝』上によれば、二十一日頃に下関を発ったようである。七日以降、龍馬は木戸と会って京坂や薩摩藩の事情を伝えた。さらに当時下関には高杉晋作や前原一誠もいたので、その間、彼らとも会って同じような話し合いをしたであろう。よって、木戸が下関を離れる直前まで龍馬も下関にいた可能性が高い。いずれにしても、龍馬は、兵糧米調達の件で西郷・大久保に復命するため、十月下旬には京都に戻ったとするのが自然である。

ところで丁度この頃、会津藩に一つの動きがあった。薩摩藩と会津藩は文久三年のクーデターや禁門の変では共に長州藩に対抗し、同志的関係にあった。だが禁門の変以降は薩摩藩の幕府ばなれが加速し、幕府側勢力にとっては戦力の弱体化につながって憂うべき状態になっていた。そこで会津藩公用人外島機兵衛《としまきへえ》は十月十一日、元薩摩藩士藤井良節を介して大久保に面会を申し込んだ。翌日行われた会見で外島はそれまでの会津藩の立場を説明し、薩摩藩の動静は天下に大きな影響を与えるので、これまでの感情は水に流して、今後は以前と同様のお付き合いを願いたいと復縁を懇請した。それに対して大久保は、翌日外島に書簡を送り、家老たちと相談の結果、まことにお気の毒ではあるが「お断り申し上げる」と拒絶したのであった。

会津藩との付き合いについては、すでに前年九月三十日に高崎五六が岩国藩士香川諒と横道八郎次に対して、禁門の変時の捕虜に対する会津藩の残酷な処遇を指摘し、「会津藩は共に戦う相手ではない」と話していた。これが事実なら、薩摩藩は禁門の変の時に会津藩に対して違和感を持ちながら一緒に長州勢と戦っていたことになる。薩摩藩の幕府離れは、禁門の変時にはすでに始まっていたのかもしれない。

幕府の糾問使派遣と龍馬

九月二十一日に長州征討の勅許をえた幕府であったが、条約勅許問題が一段落した後の十月二十七日、これまでの長州藩に対する疑問を糾問するため大目付永井尚志《ながいなおゆき》（五十歳、明治政府では元老院権大書記官となる）と目付の戸川安愛《とがわやすちか》・松野孫八郎を派遣して長州支藩主、家老および諸隊の代表者数人に、十一月を期限として広島に来るようにとの命令を長州藩に下した。

これに対して長州藩政府はその命令に応じたが、注目すべきは、藩政府が派遣者の中に諸隊幹部を含ませたことである。長州藩の兵威を示すためであった。当初、奇兵隊軍監山県有朋、御楯隊《みたてたい》総督御堀耕助《みほりこうすけ》等の幹部は参加すること自体に反対していたが、木戸は藩主の決定だとして無理やり承諾させた。藩主の権威を用いて諸隊を統制するのが木戸のやり方だった。また、交渉の最前線に参加させることで諸隊を藩政府が重要視していることを示し、諸隊側の藩政府への協力姿勢を引き出そうとしたのである（齊藤紅葉『木戸孝允と幕末・維新』）。

かくして十一月十六日、永井、戸川、松野の幕吏は近藤勇・伊東甲子太郎等の新選組を従えて大坂から広島に到着し、二十日夜から広島国泰寺において長州藩使者宍戸璣《ししどたまき》に対する尋問を始めた。病中の宍戸はおよそ八か条の質問に逐次応答し、またこの日、国情陳述書を永井等に提出した。その内容は、藩主父子は心よりの恭順の意思を示したけれども、征討の風説が伝わって藩士・藩民が悲嘆し恨みに思っているという事情を述べたものであった。その後宍戸の求めに応じて永井は「昨年冬破壊した山口城を修理し武器を配置した理由」「銃器を外国人から購入した理由」その他八項目の質問書を渡し、二十四日、宍戸は回答書を提出した。

また十一月三十日には、国泰寺において長州藩使者の直目付木梨彦右衛門および諸隊の代表者河《かわ》瀬《せ》真孝《まさたか》、井原小七郎、野村靖《のむらやすし》に対して宍戸の場合と同様の尋問を行った。永井たちが最後に、藩内抗争の原因を質問したところ、井原が憤然として藩情を述べ、幕府にもし理解が得られなければ断然と退いてその処置を待つほかないとの決意を示した。永井はその強硬な姿勢に驚いて色を変え、幕長が隔絶していて情実の疎通を欠いているため疑惑を生じさせているが、今や宍戸や井原等の陳述で事態が詳しく分かった、これからは酷薄な処置はないだろうと述べた（『松菊木戸公伝』上）。

尋問が終わってから、宍戸は永井の求めに応じて、藩主父子は謹慎して何分の沙汰を待っているという内容の自判書を提出し、これでもって糾問使に対する応接はすべて終了した。永井等は十六日広島を発して大坂に向かった。

井原と永井のやり取りからも分かるように、永井たちの尋問は高圧的なものではなく、宍戸の主張にもあえて反論せず、かなり穏便なものであった。そもそも当初は支藩主や家老を大坂城に呼び出し尋問する予定だったが、長州側に体よく断られたことから、今度は幕府側から広島に出向いて尋問することになってしまった。ここに、すでに幕府側が弱腰になっていることが分かる。妥協してでも少しでも早く事態を穏便に収めたいという幕府側の思惑が透けて見える。しかし、このような穏便な態度は永井等の幕閣のものであり、一会桑はそれとは異なり、厳しい処分を望んでいた。この違いはその後も尾を引くことになる。

さて、この糾問には薩摩藩も大いに関心を持っており、その状況探索のため、今回も龍馬を長州に派遣した。龍馬は十一月二十四日に岩下方平や吉井友実と一緒に大坂を出発し、二十六日に二人と別れて上関に上陸、十二月三日に下関に着いた。彼は糾問状況や長州の事情を探索し、その結果を十二月十四日付の岩下・吉井あて書簡で、永井は長州藩政府と諸隊を対立させるつもりであると報告し、詳細は近く上京して話すと書いている。またすでに述べたように、この時の長州滞在中に、龍馬は、長州側にユニオン号問題解決のための木戸上京を要請している。

慶応元年十一月下旬頃の薩長関係

幕府は、永井の糾問の結果報告を待って長州処分を進めようとしていた。では、この頃の薩長関係はどのようなものだっただろうか。

それまでの経過を振り返ってみると、この年の閏五月の西郷・木戸会談は西郷が下関に立ち寄らず成立しなかった。また八月の小松・大久保と木戸との会談は薩摩側が約束を守らなかった。薩摩側は長州との提携に向けて一歩踏み出すことを躊躇しており、また特に小松・大久保と木戸の会談は一方的にすっぽかされたという形になったので、木戸等の長州藩首脳部が薩摩藩に対して不信の念を抱き、距離を置こうとしてもおかしくはないが、そのようなことは起こらなかった。というのは、幕府の征討もいよいよ具体化しつつあり、対幕戦に備えるため長州藩は薩摩藩に頼らざるを得なかったからである。そして実際、最重要な銃艦購入で薩摩藩は長州藩の予期しなかった、極めて厚意的な仕方で要望に応えたのであった。

この銃艦購入での薩摩藩の寄与がどれほど長州藩にとって有難かったかは、九月初旬の藩主父子から薩摩藩主父子への書状に表れている。これはそれまで藩内に存在していた、長州藩の方から歩み寄るべきでないという風潮を一掃したもので、長州藩全体が薩摩藩の方へ歩み寄ったということと、両藩の提携に向けて大きく前進したということを意味している。

銃艦購入は目に見える形での薩摩藩による貢献であるが、征討勅許に対する大久保の徹底抗戦は目に見えない形での貢献であった。銃艦購入は長州側の思いもしなかった小松の圧倒的厚意から始まり、小銃の購入では伊藤や井上をグラバーに紹介し、軍艦の場合は鹿児島で近藤と共に購入に大きく寄与した。これが長州藩を驚かせたのは、小松が国父久光に次ぐ薩摩藩の実力者であったからである。長州側は銃艦購入を薩摩藩による支援と理解したであろう。

一方、大久保が九月二十三日に書いた西郷あての書簡は藩庁あての公文書の性格を持っていた。龍馬はその写しを持参して長州藩の首脳部に渡した。よって、龍馬による説明もあり、長州藩首脳部は大久保書簡の内容が薩摩藩の方針であると理解したことは疑いない。長州藩主父子の薩摩藩主父子に対する書簡が薩摩藩への歩み寄りを示すとすれば、長州藩首脳部に対する大久保書簡は、それに応える仕方で、長州藩への歩み寄りを示すものである。

このようにして、慶応元年の十月になると、薩長両藩は互いに歩み寄り、提携に向け大きな一歩を踏み出す状況になったと言えよう。龍馬が長州にいたのは丁度この頃であり、彼は身をもってその雰囲気を感じたことと思われる。彼は兵糧米調達の件で西郷や大久保に復命する義務があり、十月下旬か十一月初めには京都の西郷たちに会ったと思われるが、その際、兵糧米のことだけでなく、大久保書簡が長州藩にもたらした影響や、現在長州藩が薩摩藩に対してどのような感情を持っているかについて報告したであろう。

西郷は十月四日に鹿児島に帰りつき、間もなく藩主父子に対して長州藩主父子から書簡が届き、長州側からの歩み寄りがあったことを知った。大久保も小松や西郷から伝えられた。これと、龍馬からの報告から、十一月の時点で西郷等の藩首脳部は、両藩の首脳同士による会談の可能性を認めるようになったと考えられる。そこで西郷等は、龍馬を永井の糾問問題とユニオン号問題で派遣したのとほぼ同じ頃、薩長問題を相談するために木戸の上京を要請することにし、龍馬とは別に正式の使者として薩摩藩士黒田清隆を長州に派遣したのだった。

黒田清隆は勝手に長州に入ったのか

今述べた、黒田清隆を木戸上京要請のために長州に派遣したのは、西郷等の薩摩藩首脳部であるというのが通説である。

だが、最近この通説に対して、黒田は薩摩藩首脳部の指示で長州入りしたのではなく、独断専行的に長州入りしたのではないかという新説が登場してきた（家近良樹『西郷隆盛』・町田明広『薩長同盟論』）。二人の歴史学者が期せずして同種の新説を展開されたのだから、無視することはできない。家近氏は特にその根拠を述べられていないが、町田氏はいくつかの傍証を挙げておられる。しかし、いずれも説得力が弱いので、ここで改めてこの問題を考えてみる。最初に指摘すべきは、独断専行説が成立する可能性は確かにあるということである。

薩摩の風土が生み出した人物像に「ぼっけもん（者）」がある。現在ではどちらかと言えば「思慮の足りない者」のニュアンスが強いが、昔は「豪胆な者」の意味で使われており、男らしさの象徴とされていたようである。

関ヶ原の戦いのとき、島津家第十七代当主の島津義弘は西軍の石田三成《みつなり》の側につき、東軍の徳川家康と戦った。敗色の濃い戦いの終盤、義弘は家康の本陣めがけて猛「退却」して徳川軍の心胆を寒からしめた。そのような島津義弘や、最高権力者であった島津久光に面と向かって「地ごろ（田舎者）」と言った西郷が、ぼっけ者の典型である。また朝廷の重臣朝彦親王に対して「朝廷これ限り」と言い放った大久保もそれに含まれよう。

ぼっけ者西郷はぼっけな若者を好んだと伝わる。西郷に好かれることは将来の出世にもつながる。その代表が、若い頃は「人斬り半次郎」と言われたという桐野利秋である。西郷に愛されたぼっけ者桐野は、極貧の郷士から日本最初の陸軍少将にまでなった。黒田はぼっけ者西郷を慕っており、自分も西郷からぼっけ者と思われたかった可能性は大である。

薩長同盟締結から三年後の明治二年五月、戊辰《ぼしん》戦争の最終章である函館五稜郭《ごりょうかく》の戦いが終結した際、断罪が決定的であった敵将榎本武揚《えのもとたけあき》の助命嘆願のため、黒田は頭を丸めて走り回り、人々を驚かせた。このようなところに、彼のぼっけ者の一端が窺《うかが》われるのだ。

西郷等の藩首脳部が、長州との接近に前向きであることを察した黒田が、人の意表を突く形で、無断で長州に入り、木戸を連れてくることに成功すれば、西郷等の藩首脳部は「ぼっけ者の黒田がよくやった」と褒めてくれるだろうし、出世の道も開ける。このように考えて、黒田が独断専行的に長州入りした可能性は絶無ではないのだ。

だが一方、この頃は、いよいよ迫る長州征討への対処に藩首脳部も苦慮しており、また自分の独断専行的長州入りが失敗すれば、それまで小松・西郷・大久保等によって醸成されてきた薩長提携の流れにひびが入る恐れがある。家臣の自分一人が責任をとればすむといったレベルの話ではない。思慮深さも備えた黒田であるから、さすがに思い留まったのではなかろうか。

さらに黒田の「黒田清隆履歴書案」では、かねて「薩長は一致すべきである」と思っていた黒田は、幕府による永井尚志の糾問使派遣の後、薩長提携を西郷等に説いたところ、皆の同意を得た、そして十一月単身山口に入ったと書かれている。皆の同意を得たのに、黒田が独断専行的に長州入りするのは、西郷等の藩首脳部が長州への使者派遣を認めなかった場合に限られる。だがその場合は、使者派遣を認めないだけの理由（時期尚早その他）がある訳で、それを無視して黒田が独断専行的に長州入りするとは思えない。

ちなみに、ここで参照した「黒田清隆履歴書案」は黒田本人が記したものである。記録によれば、明治九年頃、修史局が各名家に古文書や家譜の提出を求めているので、恐らくその頃黒田がそれに応じて書いたものであろう。今日、国会図書館憲政資料室に寄託されている七百余点に上《のぼ》る黒田清隆文書の一つであり、内容は天保十一年の出生に始まり、明治九年彼の三十六歳までの履歴が記されている。日付は明治九年十二月となっており、一次史料とは言い難い。しかし明治九年と言えば、西郷、大久保、木戸その他、黒田の長州入りの事情を知っている薩長両藩の関係者が多数存命しており、彼らの目を意識してその部分は書いたと思われるので、信頼性は高いのではなかろうか。

木戸上京の決定

龍馬と黒田は共に木戸の上京を要請するためにほぼ同じ頃に京都から長州入りした。そして 龍馬が木戸に対して上京を説得しただけでなく、黒田も十二月初旬には下関で木戸・高杉晋作・井上馨・伊藤博文等と会い、木戸の上京を要請している。

側役の柏村数馬はその日記の十二月十一日条で「この日井上が下関から山口に帰り、御前会議で、小松・西郷その他から、国事について相談があるから木戸を上京させて欲しいと言ってきたが、ここはぜひ上京させるべきだと縷々申し上げた」と書いている。実際は、特に西郷が木戸の上京を望んでいたのだが、井上は筆頭家老の小松も加えた方がいいと考えて「小松・西郷その他」から言ってきたと話したのかもしれない。

さらに柏村は翌十二日条では、木戸が下関から帰ってきて藩主父子に申し上げたと書き、翌十三日条では「殿様が木戸を召し出され、上京するよう『説諭』された」と書いた。つまり、この頃の藩首脳部は木戸の上京に前向きだったが、木戸自身は躊躇しており、やむなく殿様が説諭されたのである。

当初、木戸は上京に前向きだった。しかし、藩内では諸隊が反対しただけでなく、藩要路の前原一誠も反対した。次第に、木戸は悩むようになったのである。

彼は十二月十三日に前原に書簡を送り、高杉や伊藤も上京を勧めてきたとし、薩摩藩との関係に今手を付けておかねば将来が不安であるので、明朝あなたと会ってご意見をお聞きしたいと書いた。前原と会って上京を理解してもらうつもりだった。

だが、十九日付の中村誠一・国貞直人あて木戸書簡によれば、木戸は前原を説得できなかった。そして結果を待っている黒田について、黒田には不平もあるだろうが仕方がない、これ以上むなしく待たせるわけにはいかないので、くれぐれもよろしく対処して欲しいと書いた。

一方、諸隊の反対であるが、十二月二十一日、井上は木戸に対して書簡を送り、御楯隊総督の大田市之進（御堀耕助）が頑強に反対し、薩摩と提携するのでは禁門の変等で死んだ者に対して申し訳ないと言い張って、自分にはどうにもならない、よって、もはや上京は勧めない、あなたも今後のことをお考え下さいと書き送った。井上があきらめた様子がうかがえる。さらに二伸で井上は、木戸の上京が成立しなければ、あなたも私も黒田に対して面目がないから、改めて一同揃って結論を出し、今日中に黒田に伝えたいものですと書いた。諸隊の中では、大田の御楯隊だけでなく、それ以上に山県有朋の奇兵隊が反対していた。いかに反対勢力が強かったが分かる。

藩政府は木戸上京に賛成していた。だが、一部の藩要路と特に諸隊に反対する者が多かった。このような藩内の状況をみて、木戸は上京をあきらめつつあったのである。

しかし、井上が木戸に書簡を送ったまさに十二月二十一日に、問題は急転直下、解決する。藩主敬親が、木戸に対して、京都や大坂の状況探索のために上京せよと命じたのである。藩要路からの要請もあり、事態を解決するため、そうせい侯の敬親が決断したのであった。

この藩命には木戸も大いに助かったに違いない。と同時に大きな責任も感じただろう。反対派を納得させるために、木戸は、頑強に反対した諸隊から同伴する人物を選んだ。御楯隊からは品川弥二郎、奇兵隊からは三好軍太郎そして遊撃隊からは早川渡の三人を選び、それに土佐脱藩浪士の田中光顕を付け加えた。諸隊がそれに応じたのは、木戸の言動を見張ることができると考えたからである。

十二月二十八日、木戸は四人を伴い、黒田と共に三田尻を出発した。

第二章　薩長同盟

一　在京薩摩藩士の動きについて

同盟締結前の薩摩藩内の事情

木戸が黒田や龍馬の勧めに応じて長州から京都入りしたのは慶応二年一月八日であった。薩摩側が木戸との会談を望んだのは、史料的には、一向に解決しないユニオン号問題を相談するためであった。だがもちろん、それだけではなかった。つまり、永井尚志の広島での糾問も行われ、長州再征問題の決着も近づき、場合によっては幕長戦争も視野に入れなければならなくなったので、そのような事態に対する長州藩の方針を確認しておきたかったのである。

一方、会談に木戸が応じたのは、ユニオン号問題の解決もあったが、それ以上に、長州再征へと収斂する事態に対する薩摩藩の方針、特に長州藩の要望（後述）に薩摩藩が応え得るかどうかを知りたかったからである。

さて木戸が西郷宅を経て小松帯刀の別荘に腰を落ち着かせて会談を待っていても、すぐには会談は始まらなかった。木戸と薩摩側で持たれた最初の会談は、史料的に確認できるのは一月十八日の会談である。それ以前の約十日の間、彼らの交渉がどのようなものであったのかは、はっきりしない。木戸は会談を待っているだけだったが、薩摩側では、それなりの動きもあり、会談を申し込む機会がくるのを待っていたようにも思える。後述するように、同盟が締結されたのは一月二十二日である。それまでの間に同盟締結に関わった人たちの間でどのような動きがあったのだろうか。

薩長同盟締結に関わったのは長州側では木戸一人であるが、薩摩側では小松帯刀と西郷隆盛その他であり、また土佐脱藩浪士の坂本龍馬である。龍馬は別として、木戸や小松・西郷は藩士であるから藩の影響を受ける。木戸はまさしく藩命で上京した。一方、小松や西郷も薩摩藩の事情の影響や国父島津久光の影響を受けた。同盟締結前の薩摩藩の事情とはどのようなものであり、また藩士に与える久光の影響とはどのようなものだったのだろうか。

桂久武「上京日記」と久光の教諭

同盟締結前の薩摩藩の事情が分かる一次史料がある。それは薩摩藩家老桂久武（三十六歳）の「上京日記」（以下「桂久武日記」と記す）である。桂は名門島津日置《ひおき》家出身の家老であり、慶応元年度の役高は小松と同じく千石であった。彼は久光の名代として天機伺い（天皇のご機嫌伺い）のため慶応元年十二月六日に鹿児島を発ち、出発の日から翌年二月二十九日までの間に起こった自分の身の回りの出来事を毎日記した。その間に薩長同盟は締結されたので、この日記は極めて重要な位置を占めるのである。

日記で初めて木戸のことが登場するのは一月八日である。また同盟締結日に関しては諸説があり、一般的には、二十一日あるいは二十二日と言われている。そこで「桂久武日記」では、八日から二十二日の間の出来事がどのように記されているかを以下、その大意を見てみる。

八日　黒田清隆が長州から帰り、木戸を同伴して伏見まで来た。出迎えを頼まれた西郷は出かけた。西郷はこの晩家老の島津伊勢に相談に行くとのことだった。自分（桂）も参加したが、海江田信義と吉井友実も加わり、話は夜更けまで行われた。

九日　三条寺町、四条通りに買い物に行った。

十日　近衛家・朝彦親王家その他に参殿した。

十一日　黒田清隆が来て、長州の事情を話した。

十二日　午前十時過ぎに小松と西郷が来た。西郷が木戸某の贈り物を持参。

十三日　上賀茂神社と下鴨神社に参詣した。

十四日　小松家でいろいろ話をし、また初めて木戸に会って挨拶した。その後、退庁した島津伊勢のところに行って話をし、それから西郷を訪うた。

十五日　天機伺い終了のお祝いをした（天機伺いは前年十二月二十六日に終了）。

十六日　午前十時過ぎから夕方まで五条付近を見物した。

十七日　自分・内田・奈良原に帰藩命令が届いた。天機伺い終了のお祝いをした。

十八日　自分・島津伊勢・小松・西郷・大久保・吉井・奈良原と木戸との間で国事を巡る会談が深夜まで行われた。

十九日　紫宸殿での舞楽拝見のため参内した。

二十日　こちらの事情を殿様に報告するため大久保を二十一日に帰藩させることを議決し、昼食後大久保に伝えた。体調不良のため本日の木戸の送別会には欠席することを、大久保宅で西郷に伝言を頼んだ。

二十一日　谷村・奈良原・黒田清綱・黒田清隆・大久保・得野・堀等の鹿児島への出立を見送った。

二十二日　雨天の上、体調不良のため終日在宿した。

さて日記によれば、桂は鹿児島を出帆した後、途中長崎に立ち寄り、十二月十八日の午後八時過ぎに京都に着いた。ところが、桂は翌朝早く西郷邸に行っている。何はさておきという感じである。実は、桂には天機伺いよりも重要な用事があったのだ。同月十九日の条で桂は「国許の事情や久光様からの御内諭（内々の教え・諭《さとし》）のこと等を西郷と十分に話し合ったところ、西郷が納得してくれたので至って幸せである」と書いている。ではこの「内諭（教諭）」とは何か。

それは、どうやら江戸薩摩藩邸の人員削減に関わる問題であったようである。西郷は薩摩藩の経費削減のため江戸薩摩藩邸の人員を削減したいと考えていた。藩の経費削減については久光自身が文久二年六月に勅使大原重徳《しげとみ》を従えて出府した際、一橋慶喜と松平春嶽に対して、経費削減のため参勤交代を緩和すること、それがだめなら諸大名の妻子を国許に引き取らせて負担軽減を図ることを建言していた（『島津久光公実記』二）。そしてこの建言は受け入れられて同年閏八月、参勤は三年に一度、妻子は国元に引き取ってよいことになった。

だが、わずか二年後の元治元年（一八六四）九月、参勤交代制度は旧に復してしまった。つまり、諸藩が経費削減に向かう動きを幕府は認めなくなったのだ。西郷はこのことを知らなかったらしい。西郷は、経費削減は相変わらず久光や幕府の意向に沿うものと思っていたのである。

久光は、人員削減をある程度認めるとしても、天璋院篤姫の女中は聖域として例外視していた。それを知らずに、西郷は篤姫の女中削減にも手を付けてしまった。これが久光の気に沿わなかったようである。十二月二十一日付の新納立夫《にいろたつお》（大久保利通の姉婿）にあてた書簡で大久保は、江戸藩邸大奥引き上げについて「あまりに京都藩邸の主張は過激であると少々殿様を怒らせました」と書いている。そこで久光は、西郷や、彼に従って人員削減を実行しようとした京都薩摩藩邸の藩士たちを教え、諭す必要があると考えて桂を上京させたのである。

先に紹介したように、上京翌日の十二月十九日に桂は西郷に久光の教諭を伝え、西郷は納得した。西郷は早速、同月二十六日付の国許の側役蓑田伝兵衛（五十三歳）あて書簡で「今回桂久武氏が上京され、教諭されました。実に恐れ入ったことです。謹んで遵奉いたしますので、どうぞご安心下さい」と報告している。当然、このことは久光の耳にも入る。さらに「桂久武日記」の同月二十日条によれば、同じ日に桂は藩邸で藩士に対しても久光からの教諭を伝えている。このことについて桂は同月二十六日付の藩主側役の島津求馬《しまづきゅうま》その他にあてた書簡で「仰せ付けられた御趣意を早速伝えたら、一同異論もなく恐れ入って承知しました。このことを安心のため知らせますので、お殿様にもどうぞお伝え下さい」と書いて報告した。

ところで、桂の上京目的の一つであった天機伺いであるが、「桂久武日記」によれば、彼はこれを十二月二十六日に済ませ、その祝いを翌年一月十五日と十七日に済ませている。また二十六日付の前掲島津求馬その他にあてた書簡で桂は、今日天機伺いが済むと私には用事もなくなるが、来月末まで滞京すれば長州処分のことも何とか分かるだろうと記した後に「西郷にも今回はしばらくの間でも一緒に帰藩したいと話し合った」と書いている。西郷と一緒に鹿児島に帰りたいというのだ。これは一体どういうことだろうか。

桂は、文久元年に奄美大島に左遷されたことがあった。その時、流刑中であった西郷と再会し、意気投合した。二人はいろんなことを語り合い、心を許しあう仲になったと言われる。年齢もほぼ同年（西郷が二歳年長）である。二人の取り交わした書簡からは、西郷は桂を頼りにし、また桂も西郷を尊敬していたことが窺《うかが》われる。明治十年（一八七七）の西南戦争では、当初桂は西郷軍に加わる気はなかったが、西郷軍の出陣を見送っていた彼は突如自宅に帰り、軍装を整えて、そのまま西郷軍に投じてしまったと伝わる。最後は西郷と共に城山で戦死し、墓も隣り合っている。

江戸薩摩藩邸の人員削減問題では、鹿児島で久光の怒りを目の当たりにした桂が西郷の身を案じて鹿児島に連れ帰ろうとしたようである。

このように桂の上京任務は年内に終了したのであるが、長州処分問題の経緯が不分明なままであったので、桂と西郷は翌年もしばらくは京都に留まることになった。長州処分問題の推移次第で薩摩藩の対応も当然変化する。よって処分案決定を見届けるまでは、薩摩藩で長州問題に対応してきた西郷は帰藩できず、したがってまた、桂も帰藩できないからである。

二条城会談と小松・西郷の帰藩問題

同盟締結直前の頃、同盟締結に大きな影響を与える出来事が幕府側と薩摩側で生じていた。二条城会談と小松・西郷の帰藩問題である。

(1) 幕府側による二条城会談

木戸が上京してきた一月八日頃から同盟が締結された二十二日の頃に、実は幕府側では長州処分の内容を決めるための会談が行われていた。

すでに述べたように、幕府は慶応元年十一月から長州藩の支藩主・諸隊幹部・本藩家老等を広島に呼び出して永井尚志その他が糾問した。永井たちは、長州藩が外国から銃器を秘かに購入した理由その他を質した。それに対して十一月二十日、長州藩使者宍戸璣は永井に対して、藩主父子は心よりの恭順の意思を示しているという内容の国情陳述書を提出し、また尋問が終了した後の十二月十一日、宍戸は永井の求めに応じて、藩主父子は謹慎して何分の沙汰を待っているという内容の自判書を提出したのだった（『修訂防長回天史』五編）。

これらの国情陳述書や自判書の内容について、永井等は特に疑問点を提示せず、長州側の言い分をほぼ認めた。つまり、長州藩が禁門の変については自ら有罪であることを認め、それを永井等が確認したのである。この結論をもって十二月十六日、永井は大坂に帰った。

一般に、Aの犯罪を裁く場合、まず自白その他によってAの犯罪が明らかになることが必要である。しかる後に、Aに対して処分（量刑）が下される。長州藩の場合、まず禁門の変で罪を犯したことを長州藩自身が認めることが要求された。しかるに今述べたように、長州藩は国情陳述書や自判書で、それを認めた。したがって、次の段階は、幕府が量刑（処分内容）を決めることである。

処分内容を決定するために、幕府本体のあった大坂から板倉勝静《かつきよ》と小笠原長行《ながみち》の二老中が上京し、京都の一会桑と二条城で会談することになった。それは一月七日から始まったが、決裂して二老中は十五日に大坂に帰ってしまった。

実は一会桑のうち会津は二老中案に賛成しており、会談は二老中と一橋慶喜の対立という様相になった。二老中は、広島での糾問結果を報告した永井の考え方を尊重し、長州は禁門の変での有罪を三家老の首級提出その他を証拠として認めたので、寛大な処分案を提示した。

それに対して、慶喜は「長州側から提出された三家老の首級や糾問時の宍戸璣その他の長州藩使者はみんな偽物であり、三家老など今も元気でいる。藩主父子の恭順・謹慎も嘘である」から、長州には重い処分を科すべきだと主張した（『続再夢紀事』五）。

その後、会津と桑名の周旋で二老中が再び上京して十九日に会談は再開された。そして慶喜も反省して二老中案に賛成し、やっと十九日の深夜に処分案が決定したのであった。

日付から分かるように、二条城会談の経緯と木戸上京後の薩長交渉の経緯はほぼ一致する。西郷や木戸たちは長州処分案の行方を横目で見ながら、交渉を行っていたのである。

(2) 小松・西郷の帰藩問題

他方において、この頃桂久武が気にしている西郷に関する噂《うわさ》があった。それは、京都薩摩藩邸が江戸薩摩藩邸の人員削減に賛成する西郷派と反対する反西郷派に二分しているという噂である。西郷自身、このことは知っていて、久光の教諭を遵奉すると書いた十二月二十六日付の蓑田あて書簡で「京都藩邸が両派に分かれているという噂が鹿児島に伝わっているとのことで、大変驚いている」と書いている。

西郷の性格からして、藩邸に反西郷グループが存在していたことは十分想像できる。西郷は自分の考えの正しさを信じる気持ちが強く、時として、自分と合わない人の存在を意に介しない時があったようである。たとえば慶応元年十二月八日に、前年の禁門の変に関する褒賞として、幕府から薩摩藩士に五千両が下賜されることになった。そのことに関して西郷は十二月十二日に大坂探索方の黒田清綱に書簡を出し、その中で以下のように書いた。

> 今さら褒賞を受け取っては各藩の笑いものになる。藩は内田政風（京都薩摩藩邸留守居）に断るよう命じると思われるが、拙策に陥らずに名義を貫くよう内田への助言と斡旋を頼む。内田は金が欲しくて、断るなどあほらしいと言うだろうが、後になって損得は分かってくる。

どうやら西郷は内田のことが嫌いで、自分からは助言や斡旋をしたくない人物、意見が合わず軽蔑すべき人物と考えていたようである。当然、内田も西郷に反発を感じていただろう。

また西郷は十二月六日付の蓑田あて書簡の中で「金銭的に潤沢な江戸薩摩藩邸から金を借りたり、遊廓で遊びたいがために江戸行きを希望する藩士が少なくない」と書いており、西郷が江戸藩邸の経費削減を唱えたため、彼らから恨みを買っていた可能性がある。さらに、西郷の周りには多くの若者が集まり、西郷は彼らに相撲を取らせて喜んでいたという有名な話がある。西郷を慕って集まった若者には羽目を外す者も少なからずいたであろうが、そのような若者の存在を黙認する薩摩の風土や西郷の性格からみて、西郷は彼らを厳しくは咎めなかっただろう。当然周りには、そのような西郷に眉をひそめ、反感を持つ人もいたに違いない。思想・信条の上から西郷と合わない者もいる。そういったような人たちが国許に西郷一派の振る舞いを悪く伝えても不思議ではない。国許では、京都は西郷グループと反西郷グループに分かれているように見える。

ところが、さらに藩邸内対立で桂を驚かせたのは、反西郷グループのトップが小松だとの噂である。つまり西郷と小松が対立しているとの噂を岩下方平が桂にもたらしたのである。この頃岩下は家老に昇進していたが、桂と一緒に鹿児島から上京し、さらに十二月二十六日に京都を発って江戸に向かい、翌年一月三日に着いた。その岩下が桂に書簡（一月七日付）を送り「西郷を連れて帰るのは当然で、その時小松も同行して頂きたい」「くれぐれも二人の取り扱いを外から見ても分け隔てのないようにして欲しい」と書いた。

岩下は二人の事を気にしていたのか二月八日にも桂に書簡を送り、二人の間に隙間があるという噂を打ち消し、弁解したこともあると書いた後、続けて「二人は実に薩摩藩の柱石と考えるから、ご注意下さい」と書いて、藩として二人を公平に扱うよう繰り返し桂に依頼した。

実際に小松と西郷の間に対立模様があったかどうかは不明だが、そうした噂があるとの岩下の指摘は桂に影響を与えた。桂は岩下の要望に応じて西郷を連れて帰る時は小松も同道させように決めた。その後、一月二十日になって桂に代わって大久保が帰藩することになり、堀直太郎が大久保に同行することに決まったが、堀は二月十三日、在江戸の柴山良助あて書簡で「自分は小松について帰るつもりだったのが、大久保と帰ることになった」と知らせているからである。このようにして一月中旬には、小松の帰藩は決まっていたと思われる。

桂は、長州処分問題のけりがついた時点で西郷と小松を連れて鹿児島に帰るつもりでいた。だが「桂久武日記」の十七日条にあるように、十六日の夕刻鹿児島からの急飛脚が到着し、翌日その情報を鎌田孝右衛門が桂に伝えた。飛脚は、桂久武・内田政風・奈良原繁に早く帰藩せよとの命令を運んできたのだ。十七日、桂は小松と西郷の二人を連れて帰藩する決意をした。

処分案情報と大久保帰藩問題

だが、その後、桂・小松・西郷の三人に代わって大久保が帰藩することになった。この変更には長州処分案決定の推移が大きく関係している。それは、以下のようなことである。

薩摩側は、これまでも近衛家を通じて諸情報を獲得しようと努めていた。なぜ近衛家だったのか。それは、薩摩藩が朝廷最大の有力者近衛家と特別親しい関係にあったからだ。西郷による江戸薩摩藩邸経費削減問題でやり玉に挙がった天璋院篤姫は、もともと薩摩藩の一領主の娘だったが、やがて島津斉彬の養女となり、さらに近衛家の養女となってから徳川十三代将軍徳川家定と結婚している。また関白近衛《この え》忠熙《ただひろ》とその子近衛忠房の夫人は共に薩摩島津家の出身であった。こうした関係で薩摩藩はそれまでも近衛家を通じていろんな情報を得ていたのである。今回の長州処分案も、二十日からその翌日の間に近衛家から薩摩側に知らされた可能性が高い（青山忠正『明治維新と国家形成』・佐々木克『幕末政治と薩摩藩』）。

そして、このことが桂・小松・西郷の帰藩を大久保帰藩に変更させることになった。それを薩摩側の史料でみてみよう。

まず「桂久武日記」を見てみると、その二十日条に「午前十時出勤、この日、大久保が帰藩して当地の事情を（殿様に）言上すればどうだろうかとみんなと相談して、二十一日出立を申し渡すことになった」と書かれている。

また桂は一月二十一日付けの島津求馬・蓑田伝兵衛にあてた書簡の中で、長州処分問題を論じる幕府側の二条城会談は、老中たちが十九日に大坂から上京してきて、その夜のうちに再開されたが、結論がすでに出た様子で、やがて奏聞されると聞いていると書いた後「このような状況を大久保が帰って申し上げる」ので、詳しく聞いてほしいと記している。

さらにそれに続いて、二条城会談再開後、尾張の老公（徳川慶勝）に呼び出し命令が出たり、肥後の国論が変化するなど、いろいろ状況が変わってきたので、西郷と小松は帰国できにくくなったと書き、そこで「二人の帰国はしばらく見合わせ、その代わり大久保が帰国して、こちらの状況を申し上げれば、殿様もご安心されるのではなかろうか」と話し合ったと記している。

桂の日記の二十日条にみられる「当地の事情」とか一月二十一日付の前掲桂書簡での「このような状況」「こちらの状況」というのが、刻々と変化する幕府による長州処分案決定の経緯を意味するのは明らかである。つまり、十九日の夜に幕府の長州処分案が決定したように思われることが、大久保への変更の理由であると考えられる。そして桂の日記にあるように、二十日の午前十時から薩摩藩邸で会議が行われ、みんなで相談した結果、大久保への変更が承認された。したがって、この会議以前か会議中に処分案情報がもたらされたと推察される。

二　薩長同盟六か条

一月十七日に桂久武と小松・西郷三人の帰藩が決まったので、急遽翌十八日に木戸と小松・西郷の会談が開かれた。その場所は二本松の薩摩藩邸から約五〇〇メートル離れたところにあり、当時小松が近衛家から借りていた別邸「御花畑」(京都市上京区森之木町)である。木戸と薩摩側の会談はこの別邸で行われたが、それが判明したのは最近で、平成二十八年(二〇一六)五月のことである。だがこの日は同盟締結に至らず、会談は決裂した。そしてまもなく小松・西郷が帰藩するということで、木戸は会談継続を断念し、帰藩することにして送別会も予定された。

ところが、二十日、小松・西郷は帰藩しないことになった。つまり会談再開が可能になったのだ。それに加えて龍馬登場もあり、会談は二十一日に再開され、実質的に同盟内容が決定した(「三吉慎蔵日記抄」)。翌二十二日に三人に龍馬を加えた四人で前日の決定内容がさらに吟味され、現在みるような同盟六か条が定まった。以下その内容と締結過程について述べておこう。

薩長同盟六か条

木戸は薩長同盟の内容を一月二十三日付の龍馬あて書簡で六か条にまとめ、龍馬はそれを正しいものとし、小松・西郷・木戸・龍馬の四人が同席した場で締結されたものであることを裏書で保証した。木戸は同盟内容を次のように記した。

① 戦《いくさ》と相成り候ときは、すぐ様二千余の兵を急速差し登し、ただ今在京の兵と合《がっ》し、浪華《なにわ》へも千程は差し置き、京・坂両処を相固め候事

② 戦自然も我が勝利と相成り候気鋒《きほう》これ有り候とき、其の節朝廷へ申し上げ、きっと尽力の次第これ有り候との事

③ 万一戦負け色にこれ有り候とも、一年や半年に決して潰滅致し候と申す事はこれなき事に付、其の間には必ず尽力の次第、きっとこれ有り候との事

④ これなりにて幕兵東帰《とうき》せしときは、きっと朝廷へ申し上げ、すぐ様冤罪は朝廷より御免に相成り候都合に、きっと尽力との事

⑤ 兵士をも上国の上、橋会桑等もただ今の如き次第にて、もったいなくも朝廷を擁《よう》し奉《たてまつ》り、正

義を抗《こば》み、周旋尽力の道を相遮《さえぎ》り候ときは、終《つい》に決戦に及び候外これなきとの事

⑥ 冤罪も御免の上は、双方誠心《まごころ》をもって相合し、皇国の御為《おんため》に砕身《さいしん》尽力仕《つかまつ》り候事は申すに及ばず、いづれの道にしても今日より双方皇国の御為、皇威相暉《かがや》き御回復に立ち至り候を目途《めど》に誠心を尽し、きっと尽力仕るべくとの事

あらためて現代語訳を添えると、以下のようになる。

① 戦争になったときは、薩摩藩はすぐさま二千余の兵を鹿児島から来させ、在京中の兵と合わせて大坂にも千人ほど配置し、京都・大坂を固めること。

② 戦争が長州藩の有利となる気配があるときは、薩摩藩は朝廷に申し上げ、長州藩の冤罪が晴れるよう尽力すること。

③ 万一、長州藩の敗色が濃くなった場合でも、半年や一年で壊滅することはないので、その間に薩摩藩は長州藩の冤罪が晴れるようきっと尽力すること。

④ このままで戦争にならずに幕府の兵が江戸に帰るときは、薩摩藩は必ず朝廷に申し上げ、長州藩の冤罪がすぐさま晴れるようきっと尽力すること。

⑤ 長州藩が兵を上京させ、一会桑なども今のようにもったいなくも朝廷を擁して正義を拒み、

長州藩の周旋尽力を遮るときは、薩摩藩は終には決戦に及ぶほかないとのこと。

⑥ 長州藩の冤罪が晴れたうえは、薩長両藩は誠意をもって協力し、皇国のために砕身尽力することは言うに及ばず、どの道を進もうとも、今日から双方皇国のため皇威が輝き、皇国が回復に至ることを目標にして、誠意を尽くすべくきっと尽力すること。

さて、この六か条について述べておけば、以下のようである。

ここでの「戦（戦争）」とは幕府と長州の戦争である。この頃の幕府は、一月十九日の深夜に決めて天皇が承認した処分（勅命）を長州に受け入れさせようとしていた。一月十八日に行われた木戸と薩摩側の会談でも、薩摩側は木戸に処分案の受け入れを勧めたのであった。

しかし、長州藩が処分を受け入れない場合もありうる。その場合は、幕府は他藩に対するメンツもあり、事態をそのままにはできず、長州に攻め込まざるを得ないのだ。

第一条は、戦争になった時は、薩摩藩は鹿児島から呼び寄せた兵と在京の兵を合体させ、大坂にも千名程を配置し、京都・大坂を固めると述べている。長州の後方支援の約束である。

第二条、第三条、第四条の三つは、戦争の勃発如何に関わらず、薩摩藩は、長州藩の冤罪を晴らすために朝廷に働きかけるという約束である。

ここまでの第二条、三条、四条はいずれも、薩摩藩が長州藩の冤罪を晴らすために朝廷に働きかけるという約束である。だが第五条は、長州兵が朝廷への嘆願のため上京してきた時、一会桑勢がその邪魔をする時は、薩摩藩は邪魔をさせないよう一会桑と戦うと約束しており、冤罪を晴らすために朝廷に働きかけるのは薩摩藩ではなく長州藩自体である。薩摩藩は、長州藩の邪魔が入る時は、その勢力に立ち向かって、長州藩の働きかけを助ける役目である。いわば間接的に、長州藩の冤罪を晴らすために朝廷に働きかけるのである。

第六条は、長州藩の冤罪が晴れた後の、両藩の目指すべき共通目標を謳っている。

よって、第二条から第五条までは、直接的あるいは間接的に薩摩藩は長州藩の冤罪が晴れるよう朝廷に働きかけるという約束である。第六条は、尽力の結果、冤罪が晴れた後に両藩が目指すべきことが述べられている。

また第一条は戦争になった時の約束であるが、長州有利の場合の約束が第二条であり、不利の場合の約束が第三条である。したがって第一条でも当然、薩摩藩は長州藩の冤罪を晴らすために朝廷に働きかけるという約束が含まれている。

つまり、この六か条は、一言で言えば、薩摩藩が長州藩の冤罪を晴らすために朝廷に働きかけるという約束なのである。これが一番の眼目であり、もっとも重要なことである。

これらのうち特に第五条については、以下のことを述べておこう。この頃の長州藩は、禁門の変後の第一次長州征討および内訌による疲弊や凶作などもあり、また軍夫などの調達が困難であった

（三宅紹宣『幕末・維新期長州藩の政治構造』）。したがって、長州藩の率兵上京は無理な状況であり、一会桑勢との衝突が起こる可能性は低かった。西郷たちが敢えて第五条を入れたのは、長州藩の顔を立てるという気持ちがあったのかもしれない。

新発見史料

ところで、同盟六か条の解釈に新しい光を投げかける史料が最近発見された（二〇一七年九月十九日付の日本経済新聞）。

龍馬は同盟が締結された後の一月二十三日の深夜、伏見の寺田屋で、長州から伏見まで同道してきた長府藩士の三吉慎蔵（三十六歳）と共に、伏見奉行所の捕吏に襲われた。二人は翌朝早々、やっとのことで伏見薩摩藩邸に逃れることができたが、実はその際、龍馬は現場に書類を置き忘れてしまい、伏見奉行所に押収されていた。その後伏見奉行所は、その遺留書類報告書を作成したが、それを写し取ったものが鳥取県立博物館で発見されたのだ。そしてその報告書の中に、以下のような文言があった（下関市立歴史博物館編「龍馬が見た下関」）。

荷物などはそのまま宿に残っていたので調べたところ、格別の品はありませんでしたが、ただ、今まで長州藩士と話し合っていたことが書かれた書類がありました。それによりますと、今回、幕府から寛大な処分が下されても決して受諾はしない、かえって嘆願に託して多人数で上京した時は、それに応じて薩摩藩は会津を追い払う周旋をするという内容の長州藩士への返書なども所持していたとのことです。その際連れていた家来は長州藩士でした。

これだけでは、よく分からないことが多い。ここでの「返書」は長州藩士への返書である。ではそれを書いたのは小松と西郷のどちらだろうか。あるいは、木戸の質問に薩摩側が答えたのを龍馬が書き取ったのだろうか。小松あるいは西郷が書いたのであれば、これまでは薩長同盟に関する薩摩側の記録は存在しないと言われているので、大きな発見となる。また、三吉が龍馬に会談の模様を尋ね、その答えを書き取ったが、逃げる際、置き忘れたのかもしれない。

いずれにせよ、会談で木戸は、長州藩は幕府の処分を受け入れないだけでなく、朝廷への嘆願に託して多人数で上京する計画があると語っていたのだ。またそれに対して小松・西郷は、その際会津が嘆願を邪魔するならば、薩摩藩は会津を追い払う周旋をすると言ったのだ。

この書類の内容は同盟六か条の中の第五条のことを述べているのは明らかである。木戸は一月二十三日付の龍馬への書簡の中で、第五条の冒頭を「兵士をも上国の上」と書き始めていた。そしてこれまでは、ここでの「兵士」は薩摩藩兵あるいは幕兵のことであると理解されてきた。だが、新史料によって、それは間違いであり、長州藩兵のことであることが判明した。

薩長同盟は軍事同盟か

現在、薩長同盟をどう性格づけるかについては、いくつかの考え方があるようである。六か条を目にしたとき、特に印象的なのはやはり第五条である。それは、長州藩が自分たちの冤罪を晴らす活動を一会桑勢が邪魔する時は、薩摩藩は彼らと決戦するという約束である。『維新史』四は、これを、万已むを得ざる時は、薩摩藩は断固「幕府」と決戦すべきことを盟約したものと解釈している。「一会桑＝幕府」なのである。他の条も加えて総合的に解釈すると、薩長同盟は、将来起こりうるあらゆる場合に対処して締約せられた「攻守同盟」に外ならないとした。『維新史』に代表される「薩長同盟＝軍事（攻守）同盟」という解釈は、その後も長く受け入れられてきたようである。

そのような流れに一石を投じられたのは、青山忠正氏である。同氏は、おおよそ以下のように論じられた。薩長同盟で、長州藩の雪冤（冤罪を晴らすこと）・復権のために薩摩藩が周旋尽力することを約束しているのは明らかである。なぜ薩摩藩はそのような約束をしたのか。それは、長州藩を朝敵のままにしておくと国内が政治的に不安定になり、内乱が起きかねないからである。これはまた外国からの干渉を引き起こすかもしれない。逆にいえば、外国からの干渉や内乱を防ぐためには、国内政治を安定させる必要があり、そのためには長州藩を政治的に救済しなければならない。つまり、長州藩の雪冤・復権に協力する必要がある。よって薩長同盟は、軍事的に幕府を倒すことを目的としたものではなく、内乱や外国からの干渉を回避することが目的であった。このような観点からみると、従来の軍事（攻守）同盟説はまちがいであり、内乱回避説が正しいとせざるを得ない（『明治維新と国家形成』）。

しかし同氏は、第五条での一会桑との「決戦」を「武力行使」と解釈されたため、内乱回避のための方策が内乱を引き起こすという矛盾の可能性が指摘された。この点について家近良樹氏は、決戦の相手は一会桑だけであり、徳川本体ではないとすることで、対徳川全面戦争になることはなく、せいぜい局地戦に留まるとして、内乱回避説と両立させることに成功した（『江戸幕府崩壊』）。

こうして論争は収まったかに見えたが、再び軍事同盟説を登場させたのが宮地正人氏であった。同氏は、黒田清隆が木戸の上京を勧めるために長州に入った際に、元水戸藩士の大越伊予之介と益子孝之助に対して、西郷の内意として、薩摩は長州と協力し、京都で「挙兵」して一会桑を踏み潰すだけでなく幕府を乗っ取る手筈になっていると語ったことに注目して、薩長同盟は軍事同盟であると主張された（『歴史の中の『夜明け前』平田国学の幕末維新』）。

しかし、この西郷の内意は、当時の長州の力から見て実現性に乏しく、むしろ黒田を含む若者た

等をもってする周旋）もありえたはず」（『西郷隆盛と幕末維新の政局』）であるとされる。共に新史料更に一歩進んで「戦う手段はなにも武力（藩軍事力）を行使するだけでなく、その他の手段（言論転の決意で対決することを表現するものであった」（『幕末政治と薩摩藩』）とされ、家近良樹氏は、

この点について、佐々木克氏は、「『決戦』とは直接的な武力衝突を意味するものではなく、不退第五条での「決戦」の語は「周旋」の意味であることになる。

龍馬が裏書した龍馬あて木戸書簡をみると、同盟の第五条では「決戦」の語が用いられているが、新発見史料では「周旋」の語が使われている。これら二つの史料を共に信ずべきだとすれば、は可致）と約束しているのだ。

だが、「決戦」の語をそのように解釈することについて問題はないのだろうか。この問題に答を与えてくれるのが、前述した新発見史料である。龍馬の遺留書類の中に、同盟第五条に関するものがあった。そしてそこでは、薩摩は、妨害する会津を追い払う「周旋」をする（会を追退事之周旋「武力行使」を意味するとされてきた。

これまでの議論は、同盟第五条は、それが幕府本体に対してであれ、一会桑に対してであれ、場合によっては薩摩は決戦する覚悟があるということを述べており、しかもそこでの「決戦」の語はには無理がある。

ちに対して西郷がよくやっていたホラ話の一つとも思われ、これをもって軍事同盟の証拠とするの

発見の大分以前の主張であり、その慧眼には敬服せざるを得ない。

このようにして現在では、薩長同盟を討幕を念頭に置いた軍事同盟・攻守同盟とする説は否定されたと考えられる。そもそも薩摩側に幕府側と軍事的に戦う意思があったかどうかは不明なのである。薩長同盟はやはり、長州藩の冤罪を晴らすために尽力するという薩摩側の約束、広義には薩摩による長州の支援表明なのである。

三　同盟締結の過程

二回の会談の間隔の意味

薩長会談は二回行われた。一回目は、「桂久武日記」にある一月十八日の会談である。二回目は、龍馬登場後に開かれ、二十二日に終わった会談である。

木戸が入京したのは一月八日で、最初の会談まで十日ある。十日は長すぎる。その間なぜ会談は開かれなかったのか。それは、薩摩側が、同時期に行われていた二条城会談の結論が出るのを待っていたからである。では、なぜ待っていたのか。

それは、決定された処分案を木戸に受け入れさせて、軍事的な長州征討を阻止したいと考えたからである。第一次長州征討の時、幕府側に立った西郷は征長総督府の参謀格として、謝罪の意を表すために三家老の首級を提出すれば、総攻撃を延期すると長州側に伝えた。幕府よりの当時の長州藩政府は、それを受諾して三家老の首級を提出したので、総攻撃は延期された。さらに総督府は、長州藩を包囲していた征長軍の撤兵条件として、五卿の藩外移転その他を求めた。これも長州藩は受諾したので、十二月二十七日に征長軍は撤兵した。

この時の三家老の首級提出や五卿の藩外移転の要求は、幕府による一種の処分である。同時にまた、それを長州側が受諾するかどうかで、長州藩が有罪を認め、謝罪・恭順する意思があるかどうかを判定する試金石でもあった。長州藩は自らの有罪を認めて処分を受諾した。そのことにより、戦争にならず、長州藩は藩として存続することができた。

西郷は、このような成功体験があったので、今回も前回と同様、木戸に処分案を受諾させ、戦争を未然に防いで長州藩を大藩のまま存続させようと考えたのである。おそらく自信もあっただろうし、長州側も説得すれば最終的には受諾してくれると考えていたに違いない。

だが、処分案が決まってから会談を行おうということを薩摩側は木戸に知らせなかったようである。入京以来の桂久武の体調不良、二度にわたる天機伺い終了の祝い、それに木戸自身の病気もあったが、どうやら、二条城会談の決着はすぐにつくと西郷たちは考えていて、木戸にはその時知らせばよいと考えていたものと考えられる。

だが二条城会談の結論はなかなか出なかった。二条城会談の混乱から薩長会談は延び延びになった。そして十七日に、小松と西郷の帰藩が決定されたことにより、仕方なく十八日に最初の会談が開かれたのであった。

長・大草報告書

十八日会談と二十二日に終わった会談の二会談でどのようなことが話し合われたのだろうか。一部ではあるがそれを示唆する事柄が『吉川経幹周旋記』四に二つ（実際は三つであるが、そのうちの二つは同じ内容）収められている。一つは「長・大草報告書」である。

二月八日、京都の情勢探索のため大坂薩摩藩邸に派遣された岩国藩の用人長新兵衛と密用掛大草終吉に対して、在京の西郷から派遣された吉井友実と税所篤が「長州処分奏聞の件」について語ったものを、長と大草が岩国藩に報告した。それによると、長・大草は、

吉井と税所は①「かねて西郷と小松の二人は近衛家に参上して、長州処分を寛大にと願い、

近衛家側も了解していた。しかし、朝議では議奏方を始め公卿はみな幕府にへつらって幕府の主張に賛成し、薩摩側の寛大な処分案は採用されず、十万石の削地と藩主父子の退隠に決定したのは非常に気の毒であった」と申し述べ、なおまた、

②先達《せんだっ》て木戸寛治（孝允）上坂、小松・西郷面会之節、木戸申し分ニ、最早《もはや》昨年の首級ニて何も相済候と云いて、御所置遵奉《じゅんぽう》の口気《こうき》これなく候ニ付、西郷より、今日まずこれを忍べ、他日雲霧霽《うんむはれ》て御上京の節、共ニ嘆願いたしたき事と申し候えども、同意の見えず候由なり。

と報告している。

この報告の内容は①と②のの二つであるが、②の方が重要である。それは要するに、次のような報告である。

先日木戸が上坂（その後上京）して小松・西郷と会談した際、木戸は、もはや昨年の長州藩三家老の首級提出で長州処分問題はすべて片が付いていると主張し、幕府によって出される処分案を受諾する口ぶり（口気）ではなかった。それに対して西郷からは、とりあえず今日のところは処分案を受け入れてくれ、そうすれば長州藩主父子の官位はいずれ復旧され、政界復帰も公認され、長州藩は京都に出入りできるようになるのだから、その際に薩摩も一緒になって処分の停止・撤回（冤罪を晴らすこと）を朝廷に嘆願しようという話があったが、木戸に同意の素振り（色）は見えな

かったという。

この報告書から、薩摩は近く幕府によって出される長州処分は当然のことで、長州はそれを受け入れるべきだと思っていたが、長州の方は受け入れる気がなかったことが分かる。ちなみに、その後の処分案決定の経過を述べると、一月十九日の深夜に幕府による処分案が決まり、翌二十日に天皇家に連絡され、二十二日に二老中と慶喜らが参内・奏聞し、その日の夜遅く勅許が下されて、最終的に処分内容が決定した。

したがって、十八日会談以前では、処分案の内容は正確には分からなかったのだ。だが薩摩側はなるべく正確な処分案情報を得ようと努力していた。慶応二年一月二日には、大久保・吉井・内田の薩摩勢が越前（福井）藩士中根雪江（六十歳）のもとを訪れ、長州処分案について、一橋慶喜と松平容保は同じ意見かと尋ねるなど、情報収集に努めている（『続再夢紀事』五）。二条城会談が始まってからも、薩摩藩は多方面に探索網をめぐらし、情報収集に努めていた。また一月十四日、中根雪江は永井尚志に対して、二老中案と慶喜案が対立していることは周知の事実であるが、果たしてどちらの案に決まるだろうかと尋ねたところ、永井は「二老中案に決まるだろう」と述べている（『続再夢紀事』五）。こうした情報も薩摩側には入るから、周知の事柄ではあり、十八日の木戸と薩摩側の会談の時には、薩摩側は、二条城会談は二老中案に決定するだろうと予測していたことは疑いない。

では、二老中案の内容を薩摩側は、どのように予想したのだろうか。それは、第一次長州征討の時のことから見て、長州藩主父子の蟄居ないし隠居及び領地の削減、つまり「削地廃立」になるだろうと予想していた。薩摩側は削地廃立には賛成していたが、ただそれが寛大なものになることを望んでいた。一方長州側は、それがどのようなものであれ、削地廃立の処分が幕府から出た時は「やむを得ず決戦のほかかない」とし、絶対拒否の姿勢を見せている（慶応元年十二月二十四日付の楫取素彦あて木戸ほか三名の書簡）。そして予想通り、二十二日に勅許された処分は二老中案に基づくもので「長州藩主は蟄居・隠居、世子は永蟄居、またしかるべき者の相続、十万石削減」という、薩摩側にとっては寛大な、長州側にとっては厳しい削地廃立の処分であった。

このように、小松・西郷は予想される寛大な処分の受け入れを木戸に勧めたが、いかなる処分も受け入れないとして木戸が拒否したと吉井・税所が話したというのが、長・大草の岩国藩への報告であった。だが、いつの会談の時の出来事だったかは述べられていない。

小松・西郷が木戸に処分の受け入れを勧めた理由

ところで、なぜ小松・西郷は木戸に処分の受け入れを勧めたのだろうか。

その理由の第一は、長州は有罪であると思っていたからである。すでに述べたように、禁門の変の時、長州兵が御所に向かって発砲した。これは朝廷・幕府にとって犯罪であり、長州が朝敵とみなされる理由となった。次に、長州藩家老国司信濃にあてた長州藩主父子の署名入り軍令状（軍事上の指示書）が、中立売御門の戦いで薩摩軍によって押収されていたからである。事実として、禁門の変自体、長州軍が攻め込んできたことから始まっており、長州藩の有罪は明らかである。だから長州藩には撤兵後に改めて量刑としての処分を下すべきだと考えていた。

また第一次長州征討の時、西郷（幕府の征討総督府）は長州に有罪を認めさせ、その証として三家老の首級を提出させたことがあった。この処分は妥当なものとして多くの藩の承認を得た。したがって、木戸との会談で長州有罪を翻して木戸の言い分を認め、処分受諾拒否を承認すれば、西郷の言動は首尾一貫しないことになる。それでは他藩に対して示しが付かない。薩摩側は、このことを懸念した可能性もある。

さらに、小松・西郷が木戸に処分の受け入れを勧めた背景には、長州側が処分を受諾しなければ第二次長州征討（幕長戦争）になる可能性があり、それを避けたかったということもあった。戦争は内乱を引き起こし、外国の介入を招く可能性があったからである。

他方において、薩摩側には、幕府の実力からみて、たとえ長州側が処分を受け入れても、薩摩藩の周旋尽力によって、なし崩し的に処分を無効化できると判断していた可能性がある。

処分の内容で言えば、土地の削減が長州藩にはもっともこたえる。その土地削減だが、小松が越前藩士中根雪江に語った話として、第一次長州征討の時、征討総督府の参謀格であった西郷と岩国藩主吉川経幹との間で、処分としていったん長州藩から何ほどかの土地を没収しておいて、後で岩国藩に預ければ長州の士民も納得するだろうということが話し合われたという（『続再夢紀事』五）。この方策では、いくらかは削地されるが、その土地はやがて岩国藩に預けられるのだから、実質的な支配権は相変わらず長州藩にあるのであり、長州藩にとって土地や石高が減るわけではなく、マイナスではない。

よって今回の処分でも、一旦長州に削地を受け入れさせて、後で実質的に処分はなかったのと同じになるよう薩摩側が尽力すれば長州側も受け入れるのではないかと薩摩側が考えていた可能性があるのだ。もちろん、薩摩側には、それを成功させる自信はあったと思われる。

また、幕府の現状についての認識も受け入れを勧める要因になった可能性がある。たとえば西郷は、国許の蓑田伝兵衛に対して十一月十一日付の書簡で「（幕府本体のある）大坂では食料が乏しくて今年いっぱいを支えることも難しく、いわんや西に兵を進めるなどできそうもないと聞いている」と書き、さらに十二月二十六日付の書簡で「長州再征に対する幕府の参軍要請に肥後藩や柳川藩などが断ったので他の外様藩も決して参軍しないだろう。幕府には長州を討つべき勢いもなく、戦いはできないだろう」との見通しを示している。

このような情勢分析もあって、薩摩側は木戸に幕府の処分案受諾を勧めた。

長州側（木戸）が受け入れを拒否した理由

だが、長州藩の考えは薩摩側の思惑とは全く異なっていた。およそ一年二か月前の第一次長州征討の時、幕府側の求めに応じて長州藩は三家老の首級を提出した。これは、幕府の処分を受け入れたということである。何に対する処分であるかと言えば、それは禁門の変時の有罪を認めたことに対する処分であるだけでなく、禁門の変時の長州藩の行状に対する量刑としての処分であると長州側は理解していた。つまり、禁門の変で長州が償うべきことはすべて三家老の首級提出で償ったので、これ以上の処分を受けるいわれはないと考えたのだ。長州藩は前年の慶応元年五月二十二日の段階で、三家老の首級提出によって、処分そのものがすべて終了したものとみなしていた（『吉川経幹周旋記』三）。

こうしたことから、長州側は処分受諾を拒否したが、それと同時に、拒否する更なる根本的な理由があった。文久三年八月のクーデター以来、木戸たちは長州藩の行動を正しいものと考えており、長州処分など、そもそも冤罪であると捉えていたのだ。確かに、第一次長州征討では、当時の椋梨藤太《むくなしとうた》の俗論党政府は幕府側（西郷）の要望に応じて三家老の首級を提出したが、それは俗論党政府が勝手にやったもので、奇兵隊を始めとする諸隊や高杉晋作等は当時からそれに反対していた。木戸は当時出石に隠棲しており、現場にいなかったが、三家老の首級提出もするべきではなかったと思っていたのだ。

だから、今回も、それがどれ程軽微なものであれ、幕府による処分案を受諾すれば、長州藩の正義を自ら否定し、有罪を認めたことになる。木戸たちにとって、処分の内容ではなく、処分そのものが問題なのであった。自らの正義を貫くためには、木戸はいかなる処分も受け入れるわけにはいかなかった。武備恭順を藩是とし、最悪の場合には藩の滅亡もやむなしとする木戸は、小松・西郷に対してこの姿勢を徹底的に貫こうとしたのである。

さらにまた、奇兵隊その他の諸隊の存在も処分を拒否する大きな理由になった。諸隊は対幕強硬論であり、俗論党政権を打倒し、現政権が樹立される際に大きく貢献し、その後藩内で巨大な力を持つようになった。俗論党と対立した正義党の生き残りであった木戸は、対幕強硬論では諸隊と立場を同じくしていた。権力を掌握しきれていなかった木戸は諸隊と協力し、品川弥二郎その他の諸隊幹部を政府に取り入れることで、諸隊を支配下に置き、諸隊との協力体制で藩政を運営していこうとした。やがて、処分問題での強硬論は藩政府の方針となる。諸隊は幕府との早期の開戦を望んでおり、また木戸を含む「正義党」藩官僚の戦略は「危機を改革のバネにする」ということであった（高橋秀直『幕末維新の政治と天皇』）。そして当然、長州藩官僚の唱えうる危機とは、幕府との対立だった。木戸たちは、処分拒否が引き起こす幕長戦争を回避する気はなかったのだ。

一方で、長州側には、広島で永井尚志らと応接を行う中で、幕府はすぐには長州藩へ攻め込むつもりはないとの認識に到達していた。これは、薩摩藩が京都や江戸などの国政の最前線で自由に情報を集めた結果と同じであり、両藩は同じ幕府認識になっていたのだ。このような幕府の認識も、処分案受諾を拒否させたものと考えられる。ただ、長州藩政府は藩内に対してはこのことを知らせず、あくまで幕府との臨戦態勢を整える準備に力を注ぐよう布告していたようである。

いずれにせよ、処分の受け入れを勧める小松・西郷とそれを拒否する木戸の対立はしばらく続いた。

長・大草報告書の解釈

ここで、先に紹介した長・大草報告書は十八日会談時の出来事を表しているのか、それとも二回目の会談の中での出来事を表しているのかを考えてみる。

もう一度「長・大草報告書」を取り上げる。これは、岩国藩士の長新兵衛・大草終吉の二人に対して、西郷の指示で大坂に派遣された吉井友実と税所篤の二人が話した内容を長・大草が岩国藩に報告したものであった。長・大草は吉井と税所の発言を次のように報告した（大意）。

吉井と税所は「（小松と西郷が近衛家に参上して、長州処分が寛大になるよう尽力したが、十万石削減・藩主父子の退隠に決まったのは）お気の毒であった」と申し述べ、なおまた（御気毒之次第と申述尚又）、先日木戸が小松・西郷と会談した際、木戸は、昨年の三家老の首級提出ですべては済んでいると言って処分を受諾する口ぶり（口気）ではなかったので、西郷が、今日のところはまず処分を受け入れてくれ、そうすれば他日疑いが晴れて上京された時一緒に嘆願しようと言ったけれども、同意の素振り（色）が見えなかったとのことであった（同意之色不見候由也）。

よく見れば分かるように、この報告は「吉井と税所は『A』と申し述べ、なおまた、Bとのことであった」という構造をしている。普通に解釈すると、これは、吉井と税所は「A」と話し、なおまた「B」と話したということである。

要するに、吉井と税所は長・大草に対して「……お気の毒であった」と話しただけでなく、なおまた「先日木戸が小松・西郷と会談した際、木戸は……と言って処分を受諾する口ぶりではなかったので、西郷が……と言ったけれども、（木戸に）同意の素振りが見えなかった」と話したのだ。すなわち、二つのことを話したのだ。

これらの「木戸は……と言った」「……の口ぶりではなかった」「西郷は……と言った」「同意の素振りが見えなかった」等の発言、特に「口ぶりではなかった（口気これなく）」「素振りが見えなかった（色見えず）」といった、印象に関する発言は、吉井と税所の少なくとも一人が小松・西郷・木戸が列席した薩長会談に同席していて、木戸や西郷の様子を見ていたということを意味している。

では、どちらが薩長会談に列席していたのだろうか。それは「桂久武日記」にあるように、吉井が十八日の薩長会談に参加していたのだ。税所はどの薩長会談にも参加していない。だから、吉井が、自分が見聞きしたことを長・大草に語ったのである。

これに対しては、前もって西郷が吉井・税所に対して、二人の見聞しなかった薩長会談の模様を説明していて、それを吉井たちが長・大草に話しても、報告にあるような書き方になるかもしれないと言われるかもしれない。

だが、西郷の説明を長たちに話したのであれば、報告書は違った書き方になるのではなかろうか。報告書であるせいか、あるいは長・大草が論理的な書き方をする人だったせいか分からないが、前掲報告では、「誰が」「何を」「どうした」が明確に書いてある。つまり、吉井と税所はAと言った、木戸はBと言った、西郷はCと言ったというふうに、発言者とその発言内容が明確に書かれているのだ。

したがって、もし西郷から聞いた話（しかし、吉井と税所は知らなかった話）を吉井と税所が長・大草に語ったのであれば、報告は、例えば「なおまた、西郷が語ったところによると、・・・・（木戸に）同意の素振りが見えなかったとのことであった」となるであろう。

他方において、一月二十三日付の龍馬あて木戸書簡で木戸は、同盟が締結された二回目の会談で、小松・西郷は木戸と龍馬が同席している場で同盟六か条を話したと記し、同書簡への裏書で龍馬も、同盟六か条は小松・西郷・木戸・龍馬が同席した場で論じられたことを強調している。さらに龍馬の日記「坂本龍馬手帳摘要」の中で、龍馬は同盟が締結された一月二十二日に小松・西郷・木戸の三人に会ったと書いている。これらの史料の中に吉井の名前は出てこない。こうしたことから、吉井は二回目の会談には参加していなかったと強く推定される。

こうして、長・大草の報告書をメタ理論的に考察してみると、すなわち少し離れたところから眺めてみると、そこでの報告内容は、吉井が一回だけ参加した十八日会談の模様を述べたものであることが浮かび上がってくるのである。

また、岩国藩士の長・大草は京都の情勢探索の目的で大坂に来て、そこで西郷から派遣された吉井と税所から京都の情勢を聞いた。岩国藩は長州支藩である。だから西郷は、薩長会談のことをよく知っている人物を長・大草のもとに派遣しようと考えたのではなかろうか。その場合、十八日会談に参加していた家老（桂・島津伊勢・小松）を送るわけにはいかず、また自分も忙しく、大久保や奈良原はすでに帰藩しているので、十八日会談に参加した吉井を唯一可能な人物として派遣したのではなかろうか。であれば、吉井が自分も参加した会談の模様を、しかもそれだけを長・大草に話しても不思議ではない。

このように、十八日会談では処分案受諾を巡って西郷と木戸が対立したと考えられる。では、この日の会談は対立が解消されずに決裂して終わったのだろうか。それとも対立は解消されてさらに話が進んだのだろうか。この問題は後で論じられる。

山田報告書

長・大草報告書は十八日会談時の出来事を記していた。一方、『吉川経幹周旋記』四に収められたもう一つの報告書は、岩国藩士山田右門の報告書である。

山田は、同盟が締結されて山口に帰ってきた木戸および木戸に京都から同行してきた黒田清隆の両人と二月五日に会談し、それを岩国に知らせたのである。それによれば、木戸（旧名・桂小五郎）は山田に次のように語ったという。

薩は今少し周旋これ有るべく候えども、左様これ無きは如何《いかが》やの段、小五郎より薩へ相迫り候ところ、薩の答ニ此の儀ハ極《ごく》々真の内密ニて洩《も》らし候積《つも》りニてはこれ無く候ところ、押し詰られ拠《よんどころ》無く洩らし候事ニ候、実ハ当時の勢とても薩の力ニ及び申さず、此の上ハ是非ニ能わず幕長一戦ニ相成り申すべきか、争端開き候ても半年一年ニ勝負決し候ニハ参り申す間じく、一戦に及び候ハヽ其の節薩の言行われ候と存じ込み候段、相答え候由也

要するに、薩摩はもう少し周旋・尽力してくれてもいいのに、それがないとはどういうことかと、木戸が薩摩側に迫ったところ、それに対して薩摩側が答えるに、このことは極秘事項で洩らすつもりはなかったが、問い詰められて仕方なく話すのであるとして、実は今の幕府の力には薩摩はとても及ばない、このままでは幕長戦争になるだろうが、戦端が開いても半年や一年で決着がつくとは思えず、戦いになればその間に薩摩の意見も朝廷で取り上げられるだろうと言ったという。

この文言で重要なのは、以下である。①薩摩側はそれまで何らかの周旋を行っていたが、木戸はそれだけでは不十分と考え、更なる周旋を求めた。②木戸から問い詰められて、仕方なく薩摩側は、会談前に決めていた極秘事項の対長方針を語り出した。③その方針とは、長州藩が処分を受け入れないので幕長戦争になるだろうが、早期に決着はつかないだろうから、その間に、薩摩が朝廷に対して、長州藩の冤罪を晴らすことを申し出るつもりでいるというものだった。

この報告書から、薩摩側は会談前にすでに長州藩の冤罪を晴らすために朝廷に働きかけるという方針を決めていたことが分かる。実際、薩摩側がこの方針を木戸に述べたことから、以降スムースに同盟六か条へと向かったので、山田報告書は極めて重要な史料である。

薩摩側が長州藩の冤罪を晴らすために尽力すると決断した理由

では、なぜ薩摩側は、長州藩が望んでいたこと、つまり長州藩の冤罪を晴らすために尽力することを決断したのだろうか。

これは一方的に薩摩側の負担になる決断であり、また明らかに反幕的決断である。この前段階の「長州藩の処分案拒否を受け入れる」だけなら、特に長州藩のために特別の活動をすることにはならないから、幕府に睨まれることもなく、久光も了承するであろう。だが「長州藩の冤罪を晴らすために尽力する」というのは一段階進んだものであり、ある特定の反幕的活動をするという意思表明である。幕府側も邪魔するかもしれない。ではなぜ、一方的に負担になるにも拘わらず、薩摩藩はそのような決断をしたのか。

まず考えられるのは、たとえ幕府側に邪魔されても何とかなるとの見通しがあったということである。薩摩側が長州藩の冤罪を晴らすための活動をする時、それの邪魔をするのは、他藩は傍観するだろうから、長州征討にもっとも乗り気の一会桑勢、特に京都守護職松平容保の会津勢約千名になるだろう（慶喜の一橋家は兵をもっていなかった）。それだと薩摩藩一藩でも十分勝てるとの状況判断があったのだ。最強の会津勢を取り除くと、薩摩藩は活動がしやすくなるのであり、冤罪を晴らす活動は、たとえそれが薩摩と会津の戦いを引き起こすことになっても、必ずしも薩摩側にとっては大きな負担にならないとの見通しである。

つぎに考えられるのは、長州藩を将来のパートナーとみなすようになった薩摩藩にとって、冤罪を晴らすために尽力して欲しいという長州藩の切実な希望を拒否することができなかったということである。ではなぜ薩摩藩は長州藩を将来のパートナーとみなすようになったのだろうか。一つはすでに述べた勝海舟の影響である。彼の将来の雄藩連合による共和政治を実現するためには、パートナーとしての長州藩の存続がどうしても必要であり、そのためには長州側の意向に従わざるを得ないとの思いもあっただろう。

もう一つは、これもすでに紹介した黒田清綱の久光あて上書で明らかな、薩摩藩に対する幕府の方針からの帰結である。すなわち、薩摩藩首脳部は、幕府は長州を征伐した後は薩摩を征伐しにかかると予測していた。そうすると、長州を敵とするよりも手を組んで幕府に対抗したほうが良いのは自明の理である。こうして薩摩藩では禁門の変直後から長州藩をパートナーにするという方針が採用され、長州との提携を目指す活動が始まるのである。第一次長州征伐での西郷や小松の長州藩に対する寛大な処分、高崎五六の岩国派遣、慶応元年五月の龍馬の長州派遣、薩摩藩名義による長州藩の武器購入に対する協力、長州再征勅許に対する大久保の猛反対などは、すべて長州藩をパートナーにしようとする方針から生まれたものであった。

以上が、薩摩側が長州藩の冤罪を晴らすために尽力すると決断した理由である。

二つの報告書と二つの会談の関係

いままで二つの報告書を取り上げてきた。そこで判明したのは、長・大草報告書は十八日会談時に起こった出来事を述べたものであるということだけである。一体、十八日の会談はどのような終わり方をしたのだろうか。また山田報告書も十八日会談時の出来事を記しているのだろうか、それとも二回目の会談時の出来事を記しているのだろうか。ここでは、これらの問題を考察する。

先に結論を述べておけば、以下のようである。

十八日会談は木戸と小松・西郷が処分案受諾を巡って対立し、それが解消されないまま終了した。そして、このことは、山田報告書は十八日会談で起こったことを記したのではなく、二回目の会談のことを記したのだということを示している。

その理由は次の通り。

まず、処分案受諾を巡って木戸と小松・西郷が対立した十八日会談の終わり方を問題にしよう。

これは、（A）木戸と小松・西郷が何らかの対立状態のままで終わったか、それとも（B）対立が解消された状態で終わったかのどちらかである。

後者の場合は、（B1）処分案受諾を巡る対立が解消された後、さらに順調に話し合いは進んだが、深夜になったのでやむなく会談を中途で終了したという場合と、（B2）処分案受諾を巡る対立が解消された後、さらに話が進んで同盟六か条が締結された（同盟締結十八日説）か、あるいは同盟の大要までいって後日完全な同盟に仕上げられた（同盟大要締結十八日説）という場合に二分できる。

まず（B1）のケースはあり得ないだろう。

なぜなら、会談が順調に進んでいたら、その続きを翌十九日か二十日に開いたはずだが、「桂久武日記」を見れば分かるように、開かれた気配がなく、それどころか二十日には木戸の送別会が組まれているからである。

また（B2）のケースも可能性は低い。

というのは、まず同盟締結十八日説は、二十日の龍馬登場後に同盟は締結されたという「自叙」の記述や、「三吉慎蔵日記抄」の一月二十三日条での「二十一日、桂小五郎（木戸孝允）西郷との談判約決の次第、委細坂本氏より聞取」という記述と合わないからである。さらに、もし十八日に締結されていたら、木戸はその結果を藩主父子や首脳部に一日も早く知らせるため翌十九日か二十日には帰藩の途に就いたはずであるが、その形跡がないということもある。

また同盟大要締結十八日説も可能性が低い。なぜなら、十八日会談で大要レベルのものが決定していたら、木戸は何よりも翌十九日あるいは二十日に会談の続きを行って大要レベルのものを完全なものにしたいと薩摩側に申し込むだろう。むしろ薩摩側から申し込んでも良い。しかし、十九日、二十日に会談が再開された形跡がないからである。

このようにして、（B）の可能性はないので、十八日会談は木戸と小松・西郷の対立が解消されないまま終わったのである。そして、この場合は（A1）木戸と小松・西郷が処分案受諾を巡って対立し、それが解消されないまま会談は終わったという場合と、（A2）処分案受託の対立は薩摩側が折れることで解消して話は更に進んだが、その後の段階で何らかの問題で再び対立が生じてしまい、それが解消されないまま、会談は終了したという場合に分けられる。

まず（A2）の可能性を検討してみる。

処分案受諾の対立が解消された後で生まれる対立として、どのようなものが考えられるだろうか。まず指摘されるのは、薩摩側が折れて長州側の処分案拒否を是認するということは、幕長戦争になる可能性を認めるということである。だから会談での話は、戦争になった時に薩摩藩が長州藩を援助できるかどうかの話になるだろう。しかし援助できるかどうかの対立は考えられない。というのは、京都や大坂で変事があった場合は兵を上京させて御所を警護するというのが、先君島津斉彬《なりあきら》以来の薩摩藩の方針だったから、幕長戦争になった場合は、御所を警護するという名目で兵を上京させて征長軍を長州軍と薩摩軍で挟み撃ちにするという形にして長州を援助することができるからである。つまり、藩の方針にしたがって長州藩を援助できるのである。実際、このことは議論されて同盟第一条になった。

したがって、対立が起こるとすれば、それは、薩摩藩の軍事的援助（後方支援）を巡る場面ではなくて、それ以降の場面で生じる。それはどのような場面だろうか。

この問題は、そもそも長州側は薩摩側の軍事的援助だけでなく、それ以上に長州藩の冤罪を晴らすための尽力を薩摩側に期待したのだということを考えればおのずと分かる。つまり対立が起こりうるのは、この尽力を巡る場面なのである。それは以下のように推測される。

木戸は小松・西郷に冤罪を晴らすための尽力を求めた。それに対して小松・西郷は尽力をためらった。長州藩の冤罪を晴らすための尽力をするということは、長州の有罪を主張し、長州を罰したいという朝廷や幕府の意向に真っ向から逆らうということであるから、二人はためらったのだ。

だが、このためらいは長くは続かなかった。それを示すのが山田報告書である。ためらった小松・西郷に不満を感じていた木戸は「もう少し周旋・尽力してくれてもいいのに、それがないとはどういうことか」と薩摩側に迫ったのだ。そしてそれに応じて、薩摩側は、洩らすつもりはなかったのだがと言いながら、薩摩側の方針を話し出した。それは、実質的に同盟第二条と第三条であった。

ここまで同盟第一条、第二条、第三条が得られているので、残りの第四条、第五条、第六条に関して見解の対立が起こって会談が終了したという場合が考えられる。だがその場合は、木戸は、必ず翌十九日か二十日に会談の続きを要求するはずである。それには薩摩側も応じざるを得ず、十九日か二十日に続きの会談が行なわれたはずである。だが「桂久武日記」では、そのような形跡は見られない。

要するに、薩摩側が木戸の言い分を認めて、処分案受諾を巡る対立が解消されると、それ以降は両者の会談はスムースに進展し、会談を決裂させる程の対立状態には陥らないということである。つまり、（A2）の可能性は極めて低いのである。よってまた（A1）の可能性だけが残される。

四　同盟締結日について

同盟締結十八日説と同盟大要締結十八日説

まず取り上げるべきは、同盟締結十八日説である。「桂久武日記」の一月十八日条に、薩摩藩の要人七名と木戸との間で国事に関する会談が夜更けまで行われたと書かれているからである。だが、一二七ページ以下のところで指摘したように、同盟締結十八日説は可能性が低い。

もう一つの同盟大要締結十八日説とは、十八日には同盟の大要が決まり、その後二十一日ないし二十二日に完成体にまとめられたとする説である。だが、一二八ページで示したように、この説も説得力が弱い。ここでは二十二日説を擁護したい。

同盟締結二十二日説

まず、締結後に予想される木戸の行動から考えてみる。木戸が長州山口から黒田清隆と共に一月八日に伏見に着いた時、西郷が出迎えた。「桂久武日記」の八日条の記述からみて、それから木戸は西郷と一緒に伏見から京都に向かい、その夜は西郷宅に泊まったと考えられる。

西郷が伏見で木戸を出迎えたのは、もちろん歓迎の意を表すためであるが、それだけではない。京都に向かう木戸を警護するためである。朝敵長州藩の要人が来るのである。幕府も目を光らせている。木戸の入京は危険であった。薩摩側は、木戸が無事に長州に帰るまで徹底して木戸の身の安全を守る義務がある。確かに木戸には薩摩藩士の黒田が付き添っているが、彼一人では心もとない。西郷が村田新八を同道して伏見に行ったのは木戸警護のためもあった。

したがって、同盟が締結された後に木戸が帰藩する時も、木戸や彼に同道してきた品川弥二郎などの長州藩士だけで帰らせるわけにはいかない。当然安全なところまで何人かの警護が必要である。それを行ったのは大久保利通その他であると思われる。実は二十二日に大久保は、黒田清綱・同清隆・堀直太郎・奈良原繁その他の薩摩藩士と共に鹿児島に向けて出発する予定になっていた。というのは、一月二十三日、大坂で福井藩の中根雪江に対して大久保が「昨日の二十二日に長州藩処分の奏聞のため二老中が参内されたと聞いているが、その結果が分からない間に京都を出発した」と話しているからである（『続再夢紀事』五）。この奏聞の結果、長州再征の勅命が下されたのは二十二日の深夜だったので、大久保はそれを待ちきれずに京都を出発したのである。恐らく伏見からの船の便もあり、夕方頃に出発したのではなかろうか。

また大久保と一緒に鹿児島に帰った堀直太郎が柴山良助にあてた書簡（二月十三日付）で「先月二十二日京都出立」と書いたものがある。これらを見ると、大久保一行が二十二日の夕方に京都を出発した可能性は極めて高い。だが「桂久武日記」の二十一日条で「今日、谷村小吉・奈良原繁・黒田清綱・黒田清隆・大久保・得野良介・堀直太郎等が出立するので見送った」と書いてある。大久保が中江に語ったことや堀の記述と合わない。

これは、十九日に行われた板倉勝静・小笠原長行の二老中と一会桑との会談で決定した長州処分の幕府案が二十二日に朝廷に奏聞されるという情報を薩摩側が二十一日に得たことや、同盟締結のための薩長会談が開かれている（あるいは、やがて開かれる）ことが分かったので、大久保がそれらの経緯をみるために出発を一日延ばしたものと考えられる。「桂久武日記」と合わないのは、二十二日当日は出立のあわただしさも想定されるので、その前日に大久保たちは桂に出立の挨拶に行ったからであろう。あるいは、桂に挨拶に行った後に急遽情報が来て、出立を一日延ばしたのかもしれない。

いずれにせよ大久保たちは二十二日に出発することになった。一方その日に同盟が締結されて木戸は帰藩するかもしれない。そうなれば大久保と木戸が一緒に京都を出発するのが一番安全である。ではそのようなことになる可能性があっただろうか。

それのヒントになるのが一月二十三日付の龍馬あて木戸書簡である。龍馬に裏書を求めたこの書簡で木戸は、薩摩藩邸の医師前田恭斎に対する薬のお礼を龍馬に頼んでいる。木戸は入京して以来体調を崩しており、前田の世話になっていた。そのことのお礼を言いたかったのだが、急な出発になり、その時間がとれずに代わりに龍馬に頼んだのである。木戸は「ご承知のように出立前の大混雑でやっと出立できました」と書いている。同盟締結後すぐに出発したことが想像される。

当時、京都から大坂に行くには、まず京都から伏見に行き、伏見から三十石船で淀川（約十里の距離）を下って大坂に向かうというコースが普通だった。そして伏見から夜の船便に乗り、約五時間かかって翌日の早朝に大坂に着くのだった。二十二日に大坂へ向かう大久保一行も伏見から夜の船に乗ることになっていたと思われる。いわゆる貸し切りの船便でも同様である。木戸たちは一刻も早く会談の成果を国許に知らせるために、また船に間に合わせるために締結後すぐに出発したのではなかろうか。それに大久保も警護の意味もあって同道したと考えるのが自然である。

ちなみに、木戸・大久保一行が二十二日の夜伏見から三十石船で大坂に下った後のことについて言えば、翌二十三日の早朝に大坂に着いて、それから少し休憩（あるいは、仮眠）をとって、その日のうちに龍馬あての書簡を認めたということになる。

一方、三宅紹宣氏は、大久保は京都から木戸と一緒だったのではなく、大坂から一緒になったのであり、京都から大坂までは別行動だったと主張される（「薩長盟約の歴史的意義」）。その根拠とされるのは、二月二十二日付の大久保あて木戸書簡である。その中で木戸は「先日は私ども大勢が出かけて一方ならぬご高配を賜りました。また帰路は貴藩の軍艦（三邦丸）に乗船するよう勧めて下さいまして、大変お世話になり感謝のほかありません」とお礼の言葉を書いた。実際、一月二十五日に軍艦は大坂を出帆し、木戸たちは乗船して御手洗で下船している。

この書簡の記述をもって、三宅氏は、木戸が大久保の勧めに従って薩摩の軍艦に乗船したのは大坂からであり、そのお礼を述べているから、それまでは、木戸と大久保は別行動だったとされる。しかし、京都から薩摩藩の警護なしに木戸たちが大坂に行ったとするのはあまりに危険であることはさておき、京都からずっと二人が一緒だったとしても、大坂からは薩摩の軍艦に乗船させてもらったのであるから、木戸としてはこのような礼状は出すだろう。大久保は木戸を護衛するためにわざわざ大坂に行ったのではないが、大坂まで同道してくれたことについて木戸は大久保に感謝したと思われる。

一方、大坂で薩摩藩の軍艦に乗るよう勧められたことは、木戸にとって非常に思いがけないことであり、時間や安全性の上からも大いに感謝したと思われる。したがって、前掲木戸書簡の「また帰路は」以下の文言は「帰路もお世話になりましたが、とりわけ薩摩の軍艦に乗るよう勧めて下ったことは感謝のほかありません」の意味と解せられる。少なくともその可能性を排除するものではない。よって、この木戸書簡でもって、京都から大坂まで木戸と大久保は一緒だったという説を否定することはできないのである。

ちなみに、一月二十二日説の否定論者は、山口から木戸に同行してきた品川弥二郎が、慶応三年一月二十二日付で木戸あてに書いた書簡を見れば、二十二日説の誤っていることが分かるとする。その書簡には「昨年は昨夜、京地発足仕、御供申上げ帰国」と書かれている。そして否定論者は、この文言を「昨年（慶応二年）の昨夜（一月二十一日）に京都を、木戸が出発し、自分（品川）がお供申し上げて帰国（藩）した」と解釈するのである。そうすると、木戸は一月二十一日に京都を発っているから二十二日に同盟が締結されることはない。

しかしながら、この見解に対して佐々木克氏は、以下のように批判される（『坂本龍馬とその時代』）。

まず、書簡の文言を、木戸が二十一日に京都を発ったとするのは間違いであり、京都を発ったのは品川の方であるとされる。自分が京地を発ったから「発足つかまつり（仕）」と書いたのである。「つかまつる」は謙譲語であり、十歳の年長で藩の要路にある身分高い木戸に対して用いることは許されない言葉である。木戸が出発したのなら「京地御発足のおり（または御発足の際）」というような表現にしなければならない。品川が二十一日に一足先に京都を発って、大坂で木戸を待ち、大坂からお供して帰藩したのである。

筆者も、佐々木氏と同意見である。このように考えると、同盟が締結されたのは「坂本龍馬手帳摘要」で示唆されていたように、一月二十二日の午後であったと推定できるのである。

第三章　坂本龍馬と薩長同盟

これまでの論述により、従来の研究では解明されなかった一月十八日の薩長会談の内容が明らかにされた（一二六ページ以下）。しかし、それは薩長同盟の一側面が明らかにされたにすぎない。同盟締結直後の二通の龍馬あて木戸書簡や「自叙」あるいは龍馬や三吉の日記における小松・西郷・木戸の動向をみても、その全貌は不透明なままである。

ここで、われわれは、同盟が締結された場に同席していたもう一人坂本龍馬の動向に期待せざるを得ない。「自叙」で、龍馬の登場後に薩摩側が同盟六か条を木戸に提示したと書かれているからである。

以下では、龍馬の動向を追うことで同盟の核心部分に迫り、薩長同盟に関する一つの歴史像（説）を提示することにしたい。

一　歴史像の構築

そもそも、ある歴史像を構築するとは、どういうことか、どのようなことをすることで歴史像を構築することができるのか。これは歴史認識論（歴史哲学）の問題で、詳細な論述を必要とするが、ここでは、本質的なことだけを簡単に述べる。

過去の出来事Aについて何らかの歴史像を構築する場合、まずAに関する史料を集め、それに基づいて像を構築する。しかし現存する史料はAに関する史料の一部であり、そのまた一部が発見されるにすぎない。したがって、手に入る史料によって明らかにされる事実は、Aの一部分にすぎない。つまり、われわれは限られた一部の史料に基づいて、Aに関する歴史像を構築するが、その場合、史料の不足分は、当然のことながら、「推測」で補われる。

よって、一部の史料によって明らかにされた事実と推測によって補われた部分を合わせて、われわれは一つの歴史の話を作るのだ。この意味で、歴史像とは、事実と推測に依拠して作られる物語である。事実に依拠する必要がなく、任意に物語を作ることのできる小説（文学）とは、この点で区別される。

以上のことを踏まえて、歴史学者の遅塚忠躬《ちづかただみ》氏は『史学概論』（二〇一〇）において「歴史学は、さまざまな事実を素材とし、それらを組み立てて歴史像を構築するのであるから、その構築作業は一種の物語行為である」と述べておられるが、この「歴史像物語説」は本質を捉えた発言である。もちろん、その際、歴史像は内容的に矛盾があってはならず、また、他のすでに明らかにされた歴史像と矛盾しないように構築され、物語られることが最低限必要である。

この歴史像物語説から、つぎのことが言える。

さまざまな事実を素材として、それらを組み立てて（推測を加えて）構築された物語は、一つの歴史像（歴史的主張）である。

二　二通の龍馬あて木戸書簡

二通の龍馬あて木戸書簡

われわれの目的は、遅塚氏の歴史像物語説の手続きに従いながら、龍馬の動向を中心にして薩長同盟の真相に迫りうる物語を構築することである。その際役に立つ一次史料は極めて少なく、手がかりを与えてくれるのは、六か条の記された一月二十三日付の龍馬あて木戸書簡と二月二十二日付の龍馬あて木戸書簡である。

まず、二十三日付書簡であるが、以下のような部分がある。

此のたびは間もなくまた御分袂《ぶんしゅう》つかまつり候都合に相成り、心事半《なか》ばを尽くさず遺憾《いかん》少からず存じたてまつり候、然《しか》しながら終に行きちがいと相成り、拝顔も当分得つかまつらざる事かと懸念つかまつり居り候ところ、御上京につき候ては、折角の旨趣も小西両氏等へも得と通徹、かつ両氏どもよりも将来見込みの辺も御同座にてい曲了承つかまつり、此の上、上は皇国天下蒼生のため、下は主家のためにおいても感悦の至りに御座候

（芳即正『坂本龍馬と薩長同盟』を改変）

要するに木戸は「昨（慶応元）年十二月、龍馬と下関で薩長問題について議論をしたが、十分に話をするまもなく別れてしまい、残念であった。京都でも行き違いになって、しばらくは会えないかと思っていたところ、龍馬が上京してくれて『折角の旨趣も小西両氏へも得と通徹』し、そして、両氏から今後のこと（同盟）も一緒に詳しく承り、天下のため、長州藩のため喜ばしいことである」と書いた。

このように、ここで木戸は龍馬に対して、上京してくれたことで

折角の旨趣も小西両氏等へも得と通徹、

感悦の至りです、と感謝の言葉を述べている。

木戸は、この後に例の六か条を記し「この六か条を熟読された上でもし自分の理解に間違いがあれば手直しをして下さい」と述べ、さらに「この手紙の裏に失礼ながら返事を書いていただいて、間違いなく私に届けて下さるよう、ただただお願い致します」と記した。

この木戸の裏書要請に対して龍馬は二月五日、この書簡の裏側に「表に書かれた六か条は、小松、西郷の両氏及び貴兄、それに私も同席した場で談論したところで、少しも相違ありません、将来と言えども決して変らないことは神明の知るところです」と朱書きして、それをユニオン号問題の件で長州に向かう薩摩藩士の村田新八・川村純義に託し、木戸に返送した。

これは、木戸による同盟六か条の理解が間違いないことを、同席していた龍馬が保障したものとして有名である。そして龍馬のこの裏書に対する返事を木戸は二月二十二日に書き、その中で「お手紙拝見しました、いよいよご壮健の由大賀このことに存じます」と書いた後、龍馬の上京中は、

大兄の御深意にて微意も徹底、

感喜忘れがたく存じます、と感謝の言葉を記した。

よって、これら二つの木戸書簡における、龍馬に対する木戸の感謝は次に対するものである。

一月二十三日付書簡

①　折角の旨趣も小西両氏等へも得と通徹

二月二十二日付書簡

②　大兄の深意にて微意も徹底

現在知られている信頼できる史料でみる限り、盟約締結時における龍馬の活動に対する木戸の感謝は①と②に対するものである。

ところで、一体これらの言葉は何を意味しているのだろうか。それは龍馬の貢献とどう関わるのだろうか。

龍馬に対する木戸の感謝文の意味

ここで、①と②の意味を考えてみる。

国語辞典によれば、まず①に出てくる「折角」とは「力を尽くすこと、骨を折ること、心を砕くこと、めったになく大切であること、特別」を意味する。「旨趣」とは「事のわけ、趣旨、心の中のおもい、所存」を意味する。「小西両氏」とは、もちろん、小松と西郷のことである。また「得と」とは「十分に、念を入れて」の意味であり、「通徹」とは「つらぬき通ること、つらぬき通すこと」を意味する。

したがって①での「折角の旨趣」とは「私が力を尽くしてきた（骨を折ってきた、心を砕いてきた）思い」のことであり、要するに「私の大切な思い」のことである。よってまた①の意味は「私の大切な思いも小松氏と西郷氏に十分つらぬき通すことができました」ということになるだろう。

②に出てくる「深意」とは「内に秘められた深い考え」のことである。また「微意」とは自分の意思を謙遜していう語であるから「自分の考え、思い」のことである、そして「徹底」とは「底までつらぬき通ること、ある一つの思想・態度などですべての面をつらぬくこと」である。「通徹」と「徹底」はほぼ同義と解することができる。よって②の意味は「龍馬の深い考えによって、つまり龍馬のおかげで、私の思いも（小松と西郷の両氏に）つらぬくことができました」ということになろう。したがってまた、①と②は若干の表現の違いはあるが、大体同じ意味とみなして差し支えない。

以上より、上記二通の龍馬あて木戸書簡から見られる龍馬に対する木戸の感謝とは

龍馬のおかげで、自分の大切な思いを小松と西郷に十分つらぬき通すことができた

ことに対する感謝である。

木戸は、同盟締結を目指す会談の場で、自分の大切な思いを小松と西郷に十分につらぬき通すことができたと書いている。これは、自分（木戸）が望むような内容の同盟が締結されたということを意味する。したがって、同盟六か条の中に木戸の「大切な思い」が現れていると考えてよい。それはどのようなものであるか。

六か条にみえる木戸の思い

すでに述べたように（一〇二ページ）、薩長同盟六か条の眼目は「薩摩藩が長州藩の冤罪を晴らすために朝廷に働きかけると約束した」ということである。木戸は、薩摩藩にこのような約束をさせたかったのだ。このような約束内容の同盟を締結したかったのだ。

木戸は長州藩の冤罪をどうしても晴らしたかった。木戸の言う「折角の旨趣」とか「微意」、つまり「私の大切な思い」の中に「長州藩の冤罪を晴らしたいという思い」が含まれているのは疑いない。

だが現在の長州は朝敵の身であり、自由に藩外活動もできない。冤罪を晴らす活動どころか、入京することでさえ、長州藩士には許されていなかった。そこで木戸たちは、冤罪を晴らす活動を薩摩藩に期待した。それができる実力を備えている藩は薩摩藩しかなかったから、薩摩藩に期待するほかなかったのだ。また、薩摩藩はそれまで長州藩に秋波を送り続けてきていた。

木戸たちは、薩摩藩と同盟を締結し、約束することで、自分たちに代わって、薩摩藩に冤罪を晴らしてほしいと思うようになった。そのことを木戸は西郷たちに要望し、後ではきつく要求した。山田報告書で、木戸が薩摩側に語ったという「薩は今少し周旋これ有るべく候」という言葉はそのことを示している。

だから、木戸の「大切な思い」とは結局のところ「冤罪を晴らすための尽力をするという約束を薩摩側にさせたい」という思いであると言えよう。

木戸は、最初からその目的をもって長州三田尻を出帆し、入京してきて、小松や西郷と相対したのである。それでは、かくも木戸たちが拘泥する「冤罪」とはどのようなものか。

長州藩の冤罪意識

長州側が「冤罪」とか「冤《ぬれぎぬ》」等の語を用いだすのは、文久三年八月十八日のクーデター以降のように思われる。クーデターによって自分たちの身に生じた出来事を「ぬれぎぬ」と思っているのである。

前年の文久二年七月六日、京都長州藩邸で藩主毛利敬親はじめ藩首脳部による会議が開かれ「天皇の破約攘夷（安政の五か国条約を破棄して元に戻す）の意思を尊重して、幕府が破約攘夷に向かって動くよう働きかける」という破約攘夷論が藩是として採用された。以降、長州藩は破約攘夷論を旗印に過激な攘夷活動を行ない、破約攘夷をいろんな口実を設けて実行しようとしない幕府を批判するようになる。その急先鋒が久坂玄瑞や来島又兵衛等の過激攘夷論者であった。長州藩尊攘激派ならびに真木和泉等の在京尊攘浪士は朝廷に勢力を伸ばし、天皇の存在・思想を無視して朝意を左右できるまでになった。

彼らはやがて三条実美その他の少壮公家と手を組み、破約攘夷の実行を幕府に迫り、この年の八月十三日には、天皇に強要して攘夷親征（天皇が自ら攘夷の指揮を執ること）のための大和行幸の勅を出させることに成功した。しかし、攘夷はこれまで幕府に任されており、そのため徳川将軍は征夷大将軍と呼ばれてきた。しかるに大和行幸は「親征」であるから、この行幸は征夷大将軍の否定、つまり幕府征討・討幕の意味があるとされた。

しかし、京都情勢の急進的尊攘化に対しては在京の諸藩主も不安を感じ、快く思っていなかった。特に穏健な攘夷主義者で、幕府との協調路線を望んでいた孝明天皇も内心では大いに反発を感じていた。天皇は五月三十日に薩摩藩国父島津久光に対して、偽勅も出されて有名無実の在位である、朝威は立たず、悲嘆の極みであると嘆き、このような状況を生み出した「姦人（三条たち）を掃除して欲しい」との内勅を出し、さらに七月十二日には「急いで上京して欲しい」との正式の勅を出すに至った。

久光は、その依頼に応じることにした。久光の意を受けた薩摩藩士高崎正風は早速、秋月悌次郎その他の会津藩士と会い、長州人と真木和泉らが三条実美と結託して、大和行幸の途中で、偽勅を公卿・諸侯に与えて関東に下し、天下に号令しようと陰謀を企んでいる、非常手段に訴えてでも、この行幸を止めなければならないから、是非とも協力して欲しいと述べた。秋月は早速、会津藩主・京都守護職の松平容保にこの話を告げた。容保は直ちに協力を決意した。このようにして薩摩藩・会津藩は尊攘激派の動きを封じ込めようとした。

彼らは、朝廷内の公武合体派の公家と結びつき、クーデターを計画した。八月十六日に天皇の同意を得た後、十八日未明、会津、淀、薩摩の各藩兵が御所の門を固める中、朝彦親王、前関白の近衛忠煕、右大臣二条斉敬、京都守護職の松平容保らが参内して大和行幸の延期を決定し、また長州藩兵の堺町門の警衛の役を解き、三条らの参朝を禁止した。

このクーデターで御所の各門を固めるために出兵した在京の藩は二十七藩に及び、長州藩とその支藩である清末藩ならびに岩国藩を除けば在京諸藩は、ほとんどがクーデターを支持していたのである。翌十九日、形勢不利とみた長州藩兵や真木和泉さらに三条等の公家七人は京都を離れて長州へ向かった。これがいわゆる七卿落ちである。

このクーデターでは、長州藩に責任ありとされ、八月二十九日、朝廷は長州藩士の九門への出入りを禁じた。さらに京都長州藩邸の管理人若干名を除いてすべての藩士が帰藩するよう命じ、かつ正式に、長州藩主父子の上京を禁じたのである（『維新史料綱要』四）。

この処置は、長州藩にとって全く意外と思われた。この政変のわずか三か月前の五月十一日、久坂玄瑞配下の浪士隊が豊前田ノ浦沖を航海中のアメリカ商船を砲撃した。また、日をおかずにフランス軍艦とオランダ軍艦をも砲撃した。だが、六月一日にはアメリカ軍艦が報復として長州藩の軍艦二隻を撃沈、一隻を大破して、これで長州藩の軍艦は全滅した。

実は、この砲撃前に朝廷から各大名に「五月十日を期して、敵を追い払え」という勅命が下され、また幕府からも「五月十日を期して、敵が攻めてきたら追い払え」という通達がなされていた。長州藩としては、朝命に従って、外国の商船や軍艦を砲撃したに過ぎない。

自分たちは、幕府の下に位置づけられてきた朝廷のこれまでの在り方を覆して朝廷を中心とした政治体制の樹立を目指し、天皇の意に沿う攘夷思想のもとに政治活動を行ってきた。したがって、自分たちの行動は褒められこそすれ、決して非難されるべきことではないと思った。実際に、長州海軍が全滅した六月一日には、朝廷は長州藩主毛利敬親の攘夷決行を称賛し、さらに奮励努力するよう命じている（『維新史料綱要』四）。

一方、藩主敬親は六月二十三日、朝廷に対して金一万両を献呈した（同）。さらに七月八日になると、天皇は監察使正親町公董《おおぎまちきんただ》を山口に派遣し、長州藩主父子、長府藩主毛利元周《もとちか》、徳山藩主毛利元蕃《もとみつ》に対して、攘夷実行に対する天皇の褒詔を伝えさせている（『修訂防長回天史』三編）。

これらの事績をみると、この頃の長州藩と朝廷の関係は、一見極めて良好であったようにみえる。それがある日突然、天皇の名において、京都から追放されてしまい、藩主父子は上京することさえできなくなってしまったのだ。かれらにとっては、まさしく青天《せいてん》の霹靂《へきれき》以外の何物でもなかった。彼らはしたい放題のことをしておきながらも、天皇が実は自分たちの過激な攘夷思想を嫌っていたのだとは思わなかったのである。

長州側は、これはひとえに会津や薩摩などが一部の公家と手を組んで天皇を騙したからであると思った。それは、木戸の場合は「薩摩や会津が我が藩を陥れた（讒し）」（九月十六日付の小河一敏《おがわかずとし》あて書簡）とか「無実の讒訴《ざんそ》で不忠・不義同様の処置を受けた」（九月十七日付の小河あて書簡）等の言葉でその気持ちを見て取ることができる。「讒訴」とは「他人をおとしいれようとして、事実を曲げて言いつけること」である。正義は長州にあり、悪いのは会津や薩摩である。特にこの恨みは、一五〇名の兵士を出兵させた薩摩藩よりも一八八八名の兵士を出兵させ、クーデターの原動力になった会津藩に向けられた。翌年の禁門の変では、七月十七日、長州勢は男山で軍議を開き、会津藩主松平容保の討伐を名義として掲げ、洛中に進撃することを決している。

さて、こうして長州藩主父子の上京禁止や藩士の追放、あるいは七卿の京都落ちはすべて冤罪であるとされた。それからは、この冤罪を晴らすことが藩全体として目指されることになった。クーデターから間もない九月五日、すでに久坂玄瑞は木戸あて書簡で「正親町三条実愛卿に主君の冤罪を訴え、誠意が達するよう尽力しなければなりません。よくお考えになり、あなたが三条卿にお会いになって我が藩の赤心報国の心を詳しくお話になってはどうでしょうか」と書いている。木戸は久坂の要望に応じて十六日に正親町三条を訪ねて嘆願した。

また、『岩国藩記』によれば、クーデターのわずか三日後の八月二十一日、他の長州勢と共に京都を追われた家老益田右衛門介は、岩国藩主吉川経幹と共に兵庫から船で長州に帰るつもりだったが、その夜、経幹のところに来て「何とか粉骨砕身して釈冤の方法を探り、藩主父子様が以前のように上京できるようにしなくては帰藩できないので、場合によっては再びお会いすることもできないかもしれないと思い、暇乞いのため参りました」と挨拶し、木戸や久坂その他と一緒に京坂に留まったという（『修訂防長回天史』四編）。「釈冤」とは「冤罪を晴らすこと」である。益田のあいさつから、藩主父子の冤罪が晴れるまでは長州に帰らないという、益田や木戸たちの思いつめた気持ちが伝わってくる。

冤罪を晴らすというのは、単に長州藩の目標だっただけでなく、実際にそのための活動が行なわれた。長州藩は、家老の井原主計《かずえ》に「奉勅始末」と題した弁明書と二通の取り調べ書を持たせて京都に向かわせた。この弁明書は、長州藩は叡慮（天皇の考え）を確認した上で攘夷を実行したと説明し、にもかかわらず今日の状況に陥ったのは、天皇を誤解させて冤罪を被せた者がいるのだと訴えていた。井原は十一月二十七日に伏見まで進んだが、朝廷から京都入りの許可が出ることはなく、この試みは失敗に終わった。長州藩の冤罪意識は根強く、翌年の禁門の変のきっかけになった国司信濃・益田右衛門介・福原越後の三家老の出陣も藩主父子の雪冤を朝廷に嘆願するためであった。

その禁門の変では、今度は長州藩は、御所へ発砲したことや藩主の署名の入った黒印状が奪われたことにより朝敵となってしまった。朝敵になるとは一体、どういうことだろうか。

それは、藩主毛利敬親の官位が剥奪されるということ、つまり、毛利家が長州藩を統治する正統性が剥奪され、藩主は上京することができず、藩士たちも藩外に出ると捕縛されるということである。だから、まず藩がなすべきは、冤罪を晴らすことと、朝敵の汚名を晴らして長州藩の復権を実現することだった。そして「冤罪を晴らすこと」と「復権の実現」の関係では、前者が目指された。それは以下のような理由による。

因果的に言えば、文久三年のクーデターで長州を有罪としたことが理由となって翌年の禁門の変が引き起こされ、またそのことが理由となって御所への発砲が生み出されて長州に「朝敵」の汚名が着せられたのであった。したがって、冤罪が晴らされてクーデター時の長州はもともと無罪だったのだということになると、朝敵とされたことの根本的理由が失われて、必然的に復権が成るのである。

こうしたことから、長州側は、まず冤罪を晴らすことに努めたのだ。六か条の条文には「冤罪」の語のみ出てきて「朝敵」とか「復権」の語が出てこないのは、そのためである。

このようにして、文久三年八月十八日以来、長州藩はずっと冤罪意識にとらわれていたと言っても言い過ぎではない。自分たちは正しく、会津や薩摩は間違っているという優越意識が、彼らの「薩摩藩や西郷を督責（詰問）する」という言い方によく現れている。

木戸にもこのような正義感や優越感は強くあったのであり、それを否定する長州処分の受け入れは、到底呑めるものではなかった。冤罪意識こそ長州藩の存在理由であり、それを否定することは自らの存在を否定することに等しかった。それだけ木戸の処分拒否は執拗にして強固だったのだ。

二通の龍馬あて木戸書簡から分かること

(a) 龍馬が会談を再開させた

まず、会談再開のきっかけは何だったのかを考えてみよう。一月二十三日付の木戸書簡で、龍馬の上京で、木戸の思いが薩摩側に通じるようになったと書かれている。木戸の思いが通じたのは、もちろん会談においてであるから、会談が再開されたのである。

改めて述べると、十八日の薩長会談は、幕府による長州処分案の受諾を巡って、受諾を勧める小松・西郷とそれを拒否する木戸との対立状態が解消しないまま終了したのであった。そこで木戸はそれ以上の会談を断念して帰藩することにし、二十日の夜の送別会も予定された。だがその後会談は再開され、二十二日、龍馬同席のもとに同盟六か条が締結された。

では、会談再開のきっかけになったのは何（誰）だったのだろうか。時期的にみると、丁度この頃に決定した長州処分案が幕府側から朝廷にもたらされ、その情報が近衛家から京都薩摩藩邸に伝えられたのは確かだろう。では、処分案の内容が分かったから会談を再開しましょうと言えるだろうか。それは、木戸の方はもちろんのこと、薩摩側も到底言えないだろう。十八日会談で、木戸がどのような処分も受け入れないということを知ってしまったからである。処分そのものが重要な問題ではなくなってしまったのだ。

このように長州処分の件が再開のきっかけになることはありえない。つぎに長州（木戸）側と薩摩側に分けて考えてみると、木戸はもちろん、木戸に随行してきた品川弥二郎（御楯隊士）・三好軍太郎（奇兵隊士）・早川渡（遊撃隊士）などの諸隊士が妥協して会談再開を呼び掛けることは考えられない。そもそも彼らは会談には積極的でなく、会談で木戸が妥協しないよう見張る役目もあって来ていたからである。また当時二十四歳の田中光顕（土佐脱藩浪士）もそれまでの履歴からみて、到底口を挟むことはできないであろう。一方薩摩側としても、再開を呼び掛けることは長州藩の処分拒否を認めることであるから、それまでの藩の方針と矛盾し、西郷でさえ、一旦決裂した段階で改めて再開を呼び掛けることは難しいように思われる。

このように長州側も薩摩側も会談再開を言い出すことは考えられないし、またこの時期に再開せざるを得ないような出来事が処分案情報以外にあったことを史料的に確認することもできない。そうすると、第三者が機会を与えるほかない。その可能性となりうるのは、龍馬だけである。消去法的に考察して、残るのは龍馬だけである。一月二十三日付の書簡では、龍馬が再開させたとは直接的には書かれていないが、それ以外の可能性が考えられないので、龍馬が会談を再開させた可能性は極めて高いのである。

(b) 龍馬は木戸が望むような内容の同盟締結に大きく貢献した

前掲書簡で木戸は、龍馬のおかげで自分の大切な思い、つまり、長州藩の冤罪を晴らすために薩摩藩が尽力して欲しいという思いが小松・西郷に通じたと書いた。そしてすでに述べたように、これは、龍馬のおかげで木戸が望むような内容の同盟が締結されたということである。

それでは、薩長同盟締結の過程で、龍馬はどのようにして会談を再開させ (a)、またどのようにして木戸が望むような内容の同盟締結に貢献した (b) のだろうか。

三　会談再開と龍馬

龍馬の登場

まず、簡単に龍馬登場の経緯を述べておこう。彼は、薩摩藩首脳部の指示により、慶応元年十二月三日に京都から長州に入り、糾問使永井尚志等の動向や長州藩の事情を探ったり、黒田清隆や井上馨その他と一緒に木戸に上京を勧めた。だが糾問使の動向や長州事情の探索結果を薩摩藩首脳部に復命する前に、木戸は藩命により十二月二十八日に三田尻から上京の途についてしまった。龍馬はユニオン号問題に巻き込まれて同行することができず、結局、翌年まで長州に滞在せざるを得なくなり、一月以降木戸の後を追った。彼の「坂本龍馬手帳摘要」によって慶応二年一月の部分をみると、

十日　下ヲ発

十八日　大坂
十九日　伏見
二十日　二本松
二十二日　木圭小西三氏会
二十三日夜　伏水ニ下ル二時過ル頃
二十四日朝　邸ニ入ル

と書いている。これを「三吉慎蔵日記抄」で補完して説明すれば、次のようになる。一月十日に龍馬は土佐脱藩浪士の池内蔵太《くらた》・新宮馬之助、長府藩士の三吉慎蔵を伴い下関を出帆した。十九日に伏見に着き、同夜は薩摩藩の定宿寺田屋に泊まった。

ここは文久二年四月二十三日、久光の命により、有馬新七を含む尊攘激派の薩摩藩士八名が上意討ちされた、いわくつきの宿である。有馬たちは京都所司代襲撃の計画を持っていたので、京都の平安を守った久光に対する天皇の信頼は一気に増し、それまで田舎の一国父に過ぎなかった彼は一躍中央政界の重要人物となった。

さて二十日、三吉を寺田屋に残し、龍馬は池と新宮を伴い京都二本松の薩摩藩邸（御所北側、同志社大学今出川キャンパス）に入った。

では、いつ頃藩邸に着いたのだろうか。龍馬は同盟締結後の一月二十三日に、京都から寺田屋に帰ってきた。そしてその日の深夜、伏見奉行所の捕り方に襲われた。龍馬は高杉晋作からもらった短銃を撃ちかけ、三吉は得意の槍を使って防戦し、翌二十四日早朝に二人は何とか伏見の薩摩藩邸に逃げ込むことができ、留守居の大山彦八に迎えられた。龍馬にはこのようなことが起きても不思議ではない状況だった。「三吉慎蔵日記抄」をみると、十八日に大坂薩摩藩邸で留守居の木場伝内と会った時、そのままでは入京は難しいから薩摩藩士として入京するよう勧められ、薩摩藩の船印を借りている。

木場と会ってから龍馬はさらに当日の夜、幕府の重臣大久保忠寛《ただひろ》（一翁《いちおう》）とも会っているが、その際大久保から、坂本等のことは探索が厳しく現在長州人（三吉慎蔵）と一緒に入京しようとしていることが幕府側に知られているから注意するよう警告されている。これを聞いて、龍馬はすぐに宿に帰って短銃の用意をし、三吉は槍を買い求めている。

このように木場や大久保から注意され、木場からは薩摩藩士として入京するよう勧められた。それでは、薩摩藩士としてなら、龍馬は安全に入京できたのであろうか。どうもそうではないらしいことを示すのが、すでに第二章で紹介した新発見史料である。寺田屋で龍馬が伏見奉行所の捕吏に襲われ、逃げ出した時、彼は書類を置き忘れ、押収されてしまった。この件に関する奉行所の報告書の写しが最近発見されたのだった。

その報告書で、奉行所は「先般お伝えした薩摩藩士云々の件ですが、もともと土佐脱藩浪士で現在薩摩藩邸に出入りし、長州との間を往来している坂本龍馬という者が先月二十四日（二十三日の間違い）に京都を出立して伏見寺田屋に一泊しているところを召し捕りに行きましたが、切り抜けられてしまい、龍馬は伏見の薩摩藩邸に逃げ込みました」と書いている。この記述により、この頃の龍馬は幕府側には薩摩藩士として認識され、薩長間のことを周旋している人物であると、正確に理解されていたことが分かる。また日ごとの足取りもほぼ捉えられていた。

この捕り物の最中に、龍馬と三吉は「自分たちは薩摩藩士であるから、捜査されるいわれはない」と叫んでいるが、それにも拘わらず捕吏たちは二人に襲い掛かっている（「三吉慎蔵日記抄」）。薩摩藩士であることは、龍馬にとって安全を保障するものではなかったのである。

このように幕府側が龍馬に関する情報を集め、捕縛しようとしている中で、彼が京都に入ることは危険であり、彼も十分それは知っていた。だがこの時の龍馬には、捕縛を恐れる気持ちよりも、一刻も早く京都入りして自分を待つ木戸や薩摩藩要人と会いたいという気持ちの方が強かったようである。

二十日、龍馬・池・新宮の三人は三吉を寺田屋に残して京都に向かった。もしかすれば、安全のため、伏見薩摩藩邸から藩士が護衛として同道したのかもしれない。そして午後、無事に二本松の薩摩藩邸に着いた。

龍馬と木戸の話し合い

龍馬が二十日に二本松の薩摩藩邸に着いた頃、木戸は数時間後に開かれる予定の送別会を待っていた。ところで、この送別会であるが、十八日会談が決裂し、木戸が帰藩すると言い出したことから予定されたものである。しかし、齊藤紅葉氏が『木戸孝允と幕末・維新』で指摘されたように、この帰藩発言には一つの思いがあったように思われる。すなわち、木戸は自分が交渉を切り上げて帰藩する意思を示すことで、木戸ら長州側の覚悟のほどを薩摩側に伝え、妥協を引き出そうとしたのではないかということである。木戸としては、自分の方は絶対妥協することはできないので、最後の手段として、帰藩の意思を示せば、薩摩側が妥協するかもしれないという可能性に賭けたのである。もちろん、薩摩側は妥協しないかもしれないので、一か八かの賭けであった。何もしないで帰藩するよりはましだと木戸は思ったのだろう。

ところが、会談再開の呼びかけはなかなかやってこない。薩摩側に対する恨みとこのまま帰藩する情けなさで悔しい想いをしているところに、龍馬がやってきた。

木戸は、龍馬の出現に一縷《いちる》の望みを見出だしたのではなかろうか。木戸は薩長会談のため長州を出発する前に下関の龍馬に対して「半日も早く上京して欲しい」という書簡を送っており、この言葉は、木戸がいかに龍馬の登場をあてにしていたかを示すからである（慶応元年十二月二十九日付の印藤肇《いんどうはじめ》あて龍馬書簡）。

慶応元年の一年間で、龍馬は薩摩側の要請で三回長州に派遣され、延べ二か月間ばかり下関に滞在しており、その間、木戸と最新の薩摩藩情報、長州藩情報を伝えあっている。こうして二人は付き合いが深まり、互いを理解し合うようになった。

木戸は、自分の知っている龍馬の性格から、自分との話が済んだなら龍馬は次に小松や西郷のところに行って彼らの考えを聞くだけでなく、自分の考えを小松や西郷に伝えるだろうと思った。これは極めて確度の高い推測である。会談の再開を望んでいる木戸は、龍馬の話で小松・西郷が会談再開に前向きになることを期待して、そのためこの際、龍馬に自分の「大切な思い」を話しておこうと思った。

まず木戸は、入京以来のこと、特に一月十八日会談において、薩摩側が長州処分案の受諾を熱心に勧めたが、自分はきっぱり断って会談が決裂した経緯を話した。長州側にとって、どのような軽い処分であっても一旦受け入れてしまえば、長州藩や藩主父子の有罪を認めたことになる。したがって処分案の受諾などもってのほかであると木戸は、龍馬に縷々《るる》話した。

続いて、木戸は龍馬に、薩摩藩と同じように、おおっぴらな政治活動ができるためには、藩や藩主父子の冤罪を晴らすことが絶対必要であり、今回の薩摩側との会談に応じたのも、冤罪を晴らすための援助を薩摩側に期待できると思ったからである、と本心を吐露した。これは十八日会談では触れる場面が生じなかったが、木戸にとってもっとも重要なことで、薩摩側にぜひ知って欲しい「大切な思い」だった。

一方、すでに龍馬は、「半日も早く上京して欲しい」という書簡から、木戸が自分に期待していることを知っていた。だから龍馬は、木戸が大切な思いを話すのを聞いて、龍馬がそれを薩摩側に伝えてくれることを期待していることを察した。このような場合、人は期待に応えようとするのではなかろうか。龍馬も木戸の期待に応えようとした。こうして龍馬は、木戸の大切な思いを伝えるために小松・西郷のところに行った。

この場合、龍馬が小松・西郷のところに必ず行くという「論理的必然性」はない。行かなくても構わないのだ。しかし、人（友人・同志）として行かねばならない、行かざるを得ないという「人間関係的必然性」はあるのだ。

龍馬と薩摩側（小松・西郷）の話し合い

会談の再開を望む龍馬は、決裂のもとになった処分案受諾の件に触れて、木戸から聞いた受諾を拒否する長州側の立場・論理を話し、同時に小松・西郷に対して受諾を断念するよう勧めた。つまり、木戸の言い分を認めてくれないかと言った。長州側が、たとえ藩が滅亡することになっても、いかなる処分も決して受け入れないと主張する以上、長州の説得は不可能であり、龍馬は薩摩側に譲歩を頼むしか方法がなかった。

さらに、龍馬は、会談決裂がこれまでの長州との提携に向けた薩摩藩の努力を無にする可能性に触れ、ここは一歩踏み込んで提携をより強固にするため、会談を再開して大いに議論すべきだ、それは日本国のためでもあると薩摩側を説得した。

十八日会談では木戸と小松・西郷の双方が自分たちの主張を言いあい、互いに説得し合ったが、決裂したのであった。こうなると、理屈の問題ではない。譲るか、譲らないかのどちらかという段階である。薩摩側にとっても、この決断は容易ではなく、龍馬の譲歩の要求にすぐには返事ができなかった。

そこで、龍馬は木戸の心情をもっと知ってもらうために、木戸の本心、木戸の大切な思いを話し出した。最初に、長州側はこれまでの薩摩側の周旋には感謝しながらも、更なる周旋を望んでいることを伝えた。続けて長州側がもっとも望んでいるのは、自藩の冤罪を晴らすことであり、そのための援助を薩摩藩に期待して、わざわざ危険を冒して木戸が上京し、今回の会談に応じたのだということを話した。冤罪を晴らすための援助をすると薩摩側が約束しない限り、木戸が同盟を結ぶ可能性はないから、ここはぜひとも木戸の願望に沿うようにして欲しいと龍馬は頼み込んだ。

小松と西郷は、長州藩が冤罪意識を持っていることは、もちろん知っていたが、それを晴らすための活動を薩摩側に期待していることまでは思い至らなかった。それは薩摩側に大きな負担を強いることになりそうだからだ。

龍馬の話から、木戸の大切な思い、雪冤にかける木戸ら長州側の心情がやっと理解できた小松・西郷は、木戸の願望に応じた時に、薩摩藩にどのような影響があるかを考えてみて、その結果から会談再開に応じるかどうかを決めてもよいのではないかと思うに至った。

そこで、二人は、改めて藩首脳部の間で検討してみる、その結果は今日中に知らせると龍馬に話し、そのことを龍馬は木戸に伝えた。それは二十日の午後のことであった。その時はまだ大久保利通も京都にいたので、小松・西郷・大久保の間で会談がもたれた。

なおここでは、木戸の大切な思いを薩摩側に伝えたのは龍馬であるとしたが、その理由を簡単に記せば、以下のようである。

薩摩側に伝えたのは誰か。可能性としては、①木戸が自分で伝えた、②薩摩側が自分たちで考えて受け入れた、③龍馬が伝えた、の三つが考えられる。まず①の可能性はない。プライドの高い木戸が薩摩側に媚びるようなことをするはずがないのである。次に②の可能性もない。薩摩側が他によらずに受け入れたとすれば、それは一月十八日会談の以前か以降のどちらかである。十八日以前であれば十八日会談で処分案受諾を木戸に勧めるはずはないし、十八日会談以降であれば、直ちに木戸に会談再開を呼びかけるはずである（木戸の思いを受け入れたということは、長州無罪を受け入れたということであり、十八日会談決裂の原因が消滅するということだから、直ちに薩摩側は会談再開を呼び掛けるだろう）が、そのような形跡が見出されないからである。したがって③だけが残される。

薩摩側の検討

小松・西郷・大久保の三人は、木戸の願望を受け入れて欲しいという龍馬の願いを検討した。その際、西郷は他の二人とは違う感慨をもってこの問題を考えたのではなかろうか。

木戸が薩長会談のため伏見に着く前に、黒田清隆は一月七日に西郷に対して書簡を送り「木戸氏は実に先生（西郷）だけをひとえに慕われ上京することになりましたので、出迎えて下さいませんでしょうか」と書いた。そして、木戸が西郷だけを慕うようになった理由について、同日付の西郷あて書簡で黒田清綱は、長州から帰京してきた黒田清隆から聞いた話として「今回は長州で木戸の上京について大議論になりましたが、清隆が大いに尽力して連れて来ました。もっとも木戸はひとえに貴兄（西郷）の説諭（諭論）に服し、憤然と衆議を破って出てきたとのことです」と書いている。つまり、黒田清隆は清綱に対して、木戸は（清隆が述べた）上京を勧める西郷の話に感じ入るところがあって上京する意思を固めたのだと話したのだ。

このように、清隆の手紙を読んだり、自分の話を信じて木戸は上京してきたということを清綱から知らされた西郷が、何の責任も感じないということがあるだろうか。この時、木戸の処分案拒否はどうしても同意できないという強い気持ちがあったのは確かだが、それと同時にこのまま木戸の願望に応えずに帰藩させていいものかという気持ちもあり、揺れ動く気持ちで小松や大久保と木戸の願望について話をしたものと想像される。

さて、彼ら三人の間で話し合われたことについては、以下のように推測される。

(1) 木戸の処分案拒否の検討

まず小松・西郷・大久保は、龍馬の勧めに従って、処分案の受諾を拒否するという木戸の主張を検討した。

木戸の立場や心情については、小松・西郷・大久保の三人は同情した。文久三年のクーデターや禁門の変での長州藩の行動は攘夷思想から出たものであるが、ほぼ同じ頃、薩摩藩も薩英戦争という攘夷的行動をしており、心情的には長州を理解できる素地があったのである。すでに紹介したように、実際、元治元年十月、薩摩藩士高崎五六は長州支藩の岩国藩士香川諒・横道八郎次の二人に対して、そのようなことを話している（『吉川経幹周旋記』四）。彼らは、このまま木戸を帰藩させるには忍びないという点では一致した。続いて、彼らは以下のようなことを話し合った。

禁門の変の時は、長州兵による御所への発砲があり、それを見逃すわけにはいかず、また藩主敬親による軍令状も発見されていた。正義は薩摩側にあり、長州無罪という訳にはいかなかった。それで処分は当然と薩摩側はみなしたのである。だから木戸の意向に沿うことは簡単ではなかった。しかしそこにこだわっていては、事態は一歩も前進しないことも明らかである。このまま木戸が帰藩してしまえば、長州藩内の反薩摩の勢力が勢いづき、これまで培《つちか》われてきた薩長提携の動きにひびが入る可能性がある。このことはすぐに分かった。

一方、幕長戦争になっても、長州が敗れる可能性は少ない。また勝海舟の影響により、雄藩による共和政治の思想に目覚めた薩摩藩首脳部にとって、長州は盟友になるべき存在である。このままでは、薩摩藩の将来構想にも大きく影響しそうである。

よって、ここは妥協して木戸の言い分を認め、これまで以上に薩長提携に努め、幕府にも薩長両藩が協力して対抗した方が得策ではなかろうか。外国の艦隊が迫ってきて我が国の自立が脅かされつつある今日、自藩の正義とか目先のことを考えて木戸の言い分を拒否するよりは、日本の将来のことを考えても、彼の言い分を認めた方がいいように思える。と言うよりは、それ以外にとる方策はないように思える。またこの方策は直接的に薩摩藩の損になるものではなく、考えようによっては得になるかもしれない。久光にも了解されそうである。こうして、小松・西郷・大久保は木戸の言い分を認めて会談再開の方針をとることに同意した。

(2) 長州藩の冤罪を晴らすために尽力することの検討

だが、木戸の言い分を認めることは、長州無罪・長州藩冤罪を認めることである。そこで再開される会談では、当然、龍馬が言っていた次の段階の話、つまり、長州藩の冤罪を晴らすために協力できるかどうかが検討課題になる。この件については、長州無罪を認めた以上、冤罪を晴らすことにも協力せざるを得ないということになった。問題はその方法である。彼らは、いくつかの方法を検討した。

結果、三人は、朝廷に直接訴えて冤罪を晴らすという方法の方が、他の方法よりも実現性が高いと判断した。朝議メンバーに働きかけて、長州藩の雪冤を議決してもらい、それを天皇から勅として出してもらうのである。一会桑勢は五月と九・十月にこの方法で気に入る勅を出させることに成功している。今度は薩摩側がそのやり方を採用しようという訳である。

だがよく考えてみると、そもそも長州藩有罪の勅を出したのは天皇自身である。よって長州藩雪冤の勅を出してもらうということは、天皇に以前の勅は誤りだったことを認めろと言うに等しい。これを実現することは、一会桑勢が天皇を囲繞《いじょう》している現在、難しいように思える。

しかし、薩摩側にとって、天皇に翻意を迫ること自体は不可能でもなければ必ずしも難しいことではなかった。薩摩側は、文久三年以降慶応元年に至るまで、天皇家に勅書「案文」を提出し、その通りの勅書を出させることなどを実現していたのである（青山忠正『明治維新と国家形成』）。結局、このやり方でいくことになった。それと同時に、場合によっては一会桑が邪魔するかもしれないが、それでも長州藩の冤罪を晴らすために尽力することに決した。

(3) 藩や久光の了承が得られるかの検討

このようにして、小松・西郷・大久保の三人は、長州藩が幕府による処分案を受け入れないことを認めただけでなく、長州藩の冤罪を晴らすために尽力するという方針を決定した。ただし、その実現方法としては、朝廷に訴えるというやり方は可能な限り避けて、他の方法を模索し、適当な方法が見つからない時に、朝廷に働きかけるものとした。

問題は、木戸の言い分を認めることが藩の方針や久光の考え方に抵触するのではないかということであった。長州側の処分案拒否は幕長戦争を引き起こすかもしれない。その場合には、薩摩藩は長州藩を助けるために、薩摩兵を国許から上京させなければならないが、これは可能だと判断された。というのは、京坂地方に緊急事態が発生した時は御所警備のため兵を上京させるというのが、先君島津斉彬《なりあきら》以来の藩是だったからである。

また長州藩の冤罪を晴らすための尽力が一会桑との衝突を生み出すかもしれないが、その時の相手は会津一藩に限定されるので、将来的に幕府に対抗する場合のパートナーとして長州藩を位置づけている藩当局や久光も、その尽力を認めてくれるだろうと思われた。

こうして、小松・西郷・大久保の三人は、木戸の思いに応じても大きな問題はないとの結論に至り、早速会談再開を木戸に申し込むことにした。

(4) 会談再開へ

では、その会談はどのような形態にするべきか。次回の会談はかなり立ち入って微妙な問題を議論しなければならなくなる可能性がある。よって薩長問題をこれまで担当してきた少数の者で話し合った方がいい。薩摩側では小松と西郷ということになった。西郷一人でもよかったかもしれないが、筆頭家老の小松も同席した方が、木戸が会談の結果を長州に持ち帰った時、藩主父子や藩首脳部への説得力が増し、感触がさらに良くなるとの配慮があったかもしれない。それに対して長州側は、もちろん木戸一人である。そして、会談再開の経緯を熟知している龍馬にも参加してもらうことにした。

一月二十日の夜、薩摩側は龍馬に対して、明日、龍馬も同席して木戸・小松・西郷の三人で改めて会談を再開したい旨を木戸に伝えてくれるよう頼んだ。龍馬は同意して、早速、薩摩側の希望を木戸に伝えた。木戸は薩摩側が自分たちの処分案拒否を認めてくれたことに安堵し、それに応じることにした。

この経緯を改めてみてみると、薩摩側が木戸に会談再開を呼び掛ける可能性は低く、龍馬が木戸の思いを薩摩側に伝え、会談再開を説得し、それに薩摩側が応じて会談は再開されたのだと思われる。龍馬が会談を再開させたのだと言える［二通の龍馬あて木戸書簡から分かること(a)］。

四　坂本龍馬と薩長同盟締結

再開された薩長会談

慶応二年一月二十一日の午前、小松の別邸で会談が開かれた。出席者は小松・西郷・木戸の三人であった。後述するように、出席予定の龍馬は風邪のため同席できなかったのである。

長州藩が幕府による処分はどのようなものでも受け入れないということを薩摩側も認めていたので、話はその次の段階から始まった。それを以下のように推測する。

(1)　同盟の第一条へ

処分は受け付けないというのであるから、幕長戦争になる可能性がある。前述したように、西郷は、幕長戦争（第二次長州征討）が起こる可能性は低いとみていた。しかし、幕府はそうではなかった。前年十一月七日、征長軍に参軍予定の三十藩に対して、幕府は広島における永井尚志の糾問状況によっては進撃すべしと布告し、また各藩の攻め口部署を決定した。さらに十二月二日、幕府は征長諸軍隊の海陸出陣の日程を布告していた（『維新史料綱要』五）。

このように、幕府は着々と征長の軍事的準備はしてきていたのである。薩摩側としては、征長軍に加わらないことは当然として、それ以上に何らかのことを長州藩のためにしなければならない。長州側もそれを期待していることは明らかである。そこで小松・西郷は、いよいよ戦争になりそうな場合、藩兵を鹿児島から上京させて長州藩の後方支援にあたることを提案した。もちろん、木戸はこの件に同意し、翌二十二日の会談で同盟第一条の内容となった。

(2) 同盟の第二条、第三条へ

後方支援による尽力も確かに木戸にとってはありがたい話だったが、これで終わりというわけにはいかない。雰囲気を察した小松・西郷は、長州側がもっとも期待している長州藩の冤罪を晴らす話に進むことにした。二人は、冤罪を晴らすことについても周旋・尽力したいと言った。どのような仕方でそれを実現するかを三人は話し合った。

小松・西郷は、朝廷に訴えるというやり方は最後の手段と捉えており、それよりも薩摩藩にとって負担の少ない別のやり方があるのではないかと考えて、その可能性をいろいろと模索した。だが誰も名案を思いつかず、このままではまた会談決裂になるかもしれないという状況になった。

木戸としては、自分の方から、これこれをしてくれとは言いにくい。それは薩摩側から言い出してくれるのが望ましい。だがなかなか小松・西郷が言い出さない。しびれを切らした木戸が「もう少し周旋してくれてもいいのに、それがないとはどうしたことか」と言い出した。木戸の心中には、このような事態を生み出したのは、あなたたちが文久三年八月十八日に会津藩と共謀してわれらを京都から追放したからだとの思いがあった。そのため、つい二人を追及する言い方になってしまったのだ。

小松・西郷は、ここまでくれば仕方ないと腹をくくった。そして、これは極秘事項で話すつもりはなかったのだが、あなたの熱意に負けて仕方なく話すのであるとして、以下のことを話出した。まず、二人は現在の長州再征に対する幕府の気構えについて語った。ついしばらく前までは、西郷は長州征討に対する幕府の姿勢を消極的なものと評価していた。だが永井が糾問を終わらせて大坂に帰ってから以降、特に年が明けてからは幕府内では処分案決定を急ぐ勢力が強くなり、一月七日からは二条城で二老中と一会桑との間で会談が行われ、とうとう十九日にはその案が決まってしまった。一、二日のうちにこの案は奏上され、勅が出される可能性がある。

その前に、小松・西郷は近衛家その他を通じて長州処分が寛大になるよう朝廷に働きかけてきたのであるが、これは成果が上がっていない。それは当時、薩摩藩が幕府から長州藩と同じ穴のムジナだと疑われており（『吉川経幹周旋記』四）、薩摩藩からの建言は朝廷で採用されなくなっていたからである。こうしたことを考えると、処分は厳しい内容になる可能性が高く、よって処分を受諾しなければ、いよいよ幕長戦争になりそうである。

小松・西郷は木戸にそのような状況を語った後、さらに、戦争が始まっても、半年や一年では決着はつかず長引くだろうとの見通しを示した。戦争になった場合は、その間に「長州藩の冤罪を晴らすべし」という趣旨の薩摩からの建言が取り上げられるよう周旋・尽力するつもりだと言った。以上が山田報告書の内容である。

これに対して、木戸が、一会桑勢のうち一番強大な軍事力を持つ会津勢がその周旋を邪魔する時はどうするかと尋ねた。小松・西郷は、会津一藩であれば、薩摩藩の軍事力で排除することもできるが、そこまでしなくても、周旋工作で長州藩冤罪への途をつける自信があると返事した。というのは、すでに紹介したように、前年十月十二日、会津藩の公用人外島機兵衛が大久保と会い、これまでの感情は水に流して、今後は以前と同様のお付き合いを願いたいと復縁を願望しており、会津藩は薩摩藩の周旋を受け入れてくれるのではないかとの見通しがあったからである。また処分案については、一橋慶喜とは異なり、会津藩は寛大な二老中案を支持していたのである（『続再夢紀事』五）。このように、この頃の会津藩は薩摩側に近寄る姿勢を見せていたのだ。こうしたこともあって、小松・西郷は、最終的な軍事的解決にまでいかなくても、会津側を説得することができると考えた。木戸としては、一抹の不安を感じたが、薩摩側に軍事力を用いて会津勢を駆逐して欲しいとまでは言えず、やむなく、同意したのであった。そして翌日、薩摩側の主張は同盟第二条、第三条の内容としてまとめられた。

(3) 同盟の第四条、第五条、第六条へ

つぎは幕長戦争にならない場合のことが問題になり、その時も薩摩側は長州藩の冤罪を晴らすために尽力すると約束した。翌日これは、同盟第四条の内容としてまとめられた。

ここで木戸は、これでは一方的に薩摩に依存することになり残念である、長州藩も自ら上京して冤罪を晴らしたいと小松・西郷に話した。それに対して薩摩側は、その時に一会桑勢が邪魔するかもしれないが、真に相手になるのは会津勢だけであるから、あくまで会津勢が邪魔しないよう周旋するつもりだと言った。これも木戸は同意せざるを得なかった。そして、翌日それは同盟第五条の内容としてまとめられた。

以上で、長州藩の冤罪を晴らすために薩摩藩が尽力するという内容の約束が木戸に対してなされた。実質的にはこれで完了ということになるが、最後に冤罪が晴らされた後に薩長両藩が目指すべき理念・目標を付け加えようということになって、三人の間で論じられ、翌日、同盟第六条の内容

としてまとめられた。

(4) 二十二日会談の決定

このようにして、二十一日に再開された薩長会談は終了した。しかし、木戸・小松・西郷の三人は、今日の会談は龍馬抜きの当事者だけの会談、つまり、それぞれが藩の利益をも考慮に入れての会談であったから、客観的に見れば偏りがあるかもしれず、また見落としがあるかもしれない、さらに「皇威振興」という視点が弱いかもしれないということで意見が一致した。そこで第三者的・客観的観点から物を考えられる龍馬同席のもとに、もう一度会談を開き、二十一日の会談で三人の同意を得たことを龍馬に説明して、みんなで直すべきは直し、付け加えるべきは付け加えて最終的な内容にした方がいいのではないかということになり、翌二十二日にもう一度会談を開くことに決められた。

この時、特に木戸は龍馬の同席を強く求めたと思われる。あるいは木戸が言い出したのかもしれない。もちろんそれは、同席した龍馬に後で同盟内容を確認してもらうためである。実際後に木戸は確認してもらっている。そして、翌日会談再開を龍馬に伝えたところ、体調が回復していた龍馬も賛成して出席することになった。

二十二日の会談

二十二日、木戸・小松・西郷それに龍馬の四人によって、前日の決定内容について活発な「談論」が行なわれた（一月二十三日付の龍馬あて木戸書簡の裏書）。前日にほぼ決まった同盟内容を見た龍馬は、木戸の希望と若干一致しない部分があることに気が付き、その部分について更に話を詰めるべきだと主張した。木戸と小松・西郷はそれを受け入れて四人で談論し、最終的に木戸の希望に沿う同盟内容になった。

そのことについて木戸は、一月二十三日付書簡と二月二十二日付書簡で龍馬に対して、龍馬のおかげで自分の大切な思いを小松・西郷に十分通すことができたと感謝の言葉を書いた。つまり、龍馬は、木戸が望むような内容の同盟締結に大きく貢献したのである［二通の龍馬あて木戸書簡から分かること(b)］。この結果、二十二日の午後、今日見られるような内容におさまった。

以上が、再開された会談の内容である。

なぜ龍馬は会談に参加できたのか

ところで、二十一日の会談の話に戻るが、当初、木戸・小松・西郷の三人は龍馬も同席して欲しいと考えていた。龍馬はこれまでも薩長両藩の間を行き来し、両藩の要人とも深い付き合いがあり、それぞれの藩の事情にも詳しい。長州藩のことは小松や西郷より詳しく、薩摩藩のことは木戸より詳しい。よって小松・西郷・木戸が会談で自藩に有利な極論を述べることを抑制してくれるだろうと考えていたのだ。

ここで重要なことは、龍馬を参加させる場合、自分の主張を差し控える単なる立会人として参加させるのではなく、会談構成員の一人として参加させるということである。しかし、龍馬は一介の土佐脱藩浪士に過ぎない。そういう龍馬が、我が国や両藩の将来にも関わる大事な会談に、小松、西郷それに木戸といった両藩の首脳と同列の資格で、しかも同盟内容に関して自分の意見が言える立場で会談に参加できるものであろうか。だが時代は、それがありうるところまで進んでいた。

それを示すのが、薩長同盟締結の一年五か月後の慶応三年六月に締結された、大政奉還に関する薩土盟約である。この盟約に関連して六月二十二日に京都で薩摩藩側と土佐藩側の要人が集まって会合が持たれた。それの出席者の一人であった土佐藩重役寺村左膳はその日記において、会合の内容と出席者を記した（『寺村左膳道成日記』）。それによると、薩摩側の出席者は小松・西郷・大久保の三人であり、土佐側の出席者は土佐藩参政後藤象二郎・同福岡孝弟・同間部榮三郎・同寺村左膳の四人であった。またそれに「浪士の巨魁《きょかい》」である坂本龍馬と中岡慎太郎の二人も呼ばれていた。

薩摩藩士と土佐藩士の比率が三対四であり、バランスは許容範囲であろう。また特に注目すべきは、それに加えて浪士が参加していることである。龍馬と中岡はもともと土佐藩士であったが、脱藩した後は薩長両藩士と付き合いが深く、この会合では薩土両藩の内情に詳しい立会人の資格で参加を要望されたものと考えられる。しかもどちらか一人ではなく二人が参加している。

このような浪士二人の参加、ならびに両藩士の数的バランスは、薩摩側と土佐側に公正な議論をしたいとの配慮があったことを示している。しかも、この会合で、土佐藩の唱える王政復古と、後藤が帰藩して藩主父子（藩主山内豊範《とよのり》・養父豊信〈容堂〉）の同意を得た上で再上京するという土佐側の計画に対して、薩摩側が賛成しただけでなく、龍馬と中岡の二人も賛成したと寺村は記している。これは、龍馬と中岡が自ら意見を述べたか、あるいは意見を求められたからであろう。いずれにしても、立会人も意見が言え、しかもそれが尊重される会合だったのである。当時、会合を開く場合、このような配慮がなされていたのだ。

もっとも、薩長同盟締結から一年足らずのうちに福沢諭吉の『西洋事情』が出版され、「門地貴賤を論ぜず人望の属する者を立てて主長となし、国民一般と協議して政治を行う」国の代表としてアメリカが挙げられ、その選挙制と二院制が紹介されてベストセラーとなった。当時の日本では、民主主義的な思考法を理解し、それを受け入れる土壌がすでに醸成されていたのだと言える。

このような時代背景を考えると、小松・西郷・大久保の薩摩勢が二十一日の会談に龍馬の同席を希望したことは十分考えられる。あるいは、木戸がそれを言い出す可能性ももちろんあった。

だが、二十一日の会談には龍馬は参加しなかった。彼には参加できない事情があったのだ。というのは、当日龍馬は体調を壊していたからである。後輩の池内蔵太の家族にあてた一月二十日付の龍馬書簡がある。その冒頭で龍馬は「先日大坂にいた時は久しぶりに風邪をひいて薬を六服ばかり飲んで治ったが、それが京都にきてからまた昨夜より熱があって今夜は寝られない」と書いている。恐らく龍馬は、二十日に京都に着いてから、復命や木戸との話し合い、さらには薩摩側との話し合いが続き、疲れ果てて風邪がぶり返してしまったのだろう。二十日から翌朝にかけて龍馬は寝ていなかった。だから二十一日の会談には参加できなかった。「坂本龍馬手帳摘要」で二十一日が空欄なのはそのためである。

このようにして、龍馬登場から同盟締結に至る過程の物語を、推測をまじえて整合的に構築することができた。そしてその中で、二通の龍馬あて木戸書簡（一月二十三日付・二月二十二日付）から分かる(a)と(b)（一五六ページ以下）がどのようにして生起したのかが明らかにされた。

薩長同盟締結における龍馬の貢献

薩長同盟締結の過程でもっとも重要なポイントは「会談の再開」と「薩摩側が長州藩の雪冤のために朝廷に働きかけるという方針を採用したこと」の二つである。これまでの記述により、龍馬は小松・西郷に木戸の大切な思い（長州藩の雪冤のために尽力して欲しいという思い）を伝え、それを受け入れさせることで、会談を再開させた。また木戸の大切な思いを受け入れさせることで、薩摩側は、長州藩の雪冤のために朝廷に働きかけるという方針を採用することになった。その結果、木戸の望むような内容の同盟が締結された。

このように、龍馬は二つの重要なポイントを実現させた。彼の働きがなければ、現在見るような内容の薩長同盟は締結されなかったのは明らかである。

ついでに、同盟締結の前年における龍馬の活動にも触れておこう。この年の彼の主なる活動で史料的に確認できるのは

(1) 閏五月初旬、薩摩側（久光）の依頼によって、薩摩側の提携希望を伝え、かつ事情を探索するため長州入りした

(2) 閏五月下旬、長州側の依頼により、薩摩藩名義による軍艦購入の件で、京都の西郷に会いに行った

(3) 十月初旬、薩摩側の依頼により、薩摩藩の再征阻止方針と兵糧米調達の依頼を長州側に伝えた

(4) 十二月初旬、薩摩側の依頼により、永井の糾問状況と長州の事情探索、それに木戸上京の要請のため長州に入った

の四つである。

これらを見ると、龍馬はすべて薩摩側や長州側の依頼（指示）で動いており、そこに彼の主導的働きを確認することはできない。しかし、翌年の同盟締結はこれら四つの出来事から始まっており、その任務を十分に果たした龍馬の働きはそれなりに評価すべきであろう。

また、裏書で六か条の正しさを龍馬が保証したことにより、後世の我々は同盟六か条を知ることができる。その点での龍馬の功績も認めねばならない。だが、これは、木戸の依頼によるもので龍馬の自発的意思に基づくものではないし、木戸は自分の都合から龍馬を利用したという側面も否定できない。また、薩摩側の確たる保証もない。こうしたことから、裏書による保証での龍馬の貢献は割り引いて考える必要がある。

同盟が締結された慶応二年一月二十日から二十二日の間の龍馬の活動は、その前年における活動よりも圧倒的に重要であり、彼の功績の評価はそれに基づいて行わなければならない。

さて「はじめに」で述べておいたように、本書を通じての検討課題は「薩長同盟締結で坂本龍馬はどのような働きをしたのか」であった。これまでの論述により、この課題に対しては、以下のように答えることができる。

主として一次史料に依拠して合理的に思考（推測）する限り、坂本龍馬の存在なくして同盟締結はあり得ず、薩長同盟締結における彼の貢献は、極めて大きいものであったと言わざるを得ない。

おわりに

遠い昔、大学の進路選択で、数学を専攻すべきか、歴史を専攻すべきかで迷った。歴史の方が好きだったが、数学の方が成績が良かったので、数学専攻になった。

数学科生の頃は、すぐ後に起こった大学紛争の前兆のような雰囲気があり、社会問題や社会思想に関心をもつ学生が多かった。私も数学科の先輩から、その頃岩波文庫として刊行されて間もないマルクスの『経済学・哲学草稿』をぜひ読むよう勧められて読んだ。そしてその科学的社会主義の思想に魅力を感じ、やがてエンゲルス、レーニン、スターリン、果ては毛沢東の『実践論・矛盾論』にまで手を伸ばし、微分・積分はすっかりその座を奪われてしまった。

数学科卒業後、哲学に転じた。哲学科生のとき、物理学から転科してきた友人と一緒に、歴史家E・H・カーの『歴史とは何か（What is History ?）』第一章をペンギンブックス版で読んで大きな影響を受けた。そして、それは、その後の歴史哲学的思索の出発点となった。また、その頃、科学哲学者K・ポパーによるマルクス的歴史法則主義批判に接し、その緻密な議論の正当性を認め、私は、次第にマルクス主義から離れていった。

その後、カント哲学を経て、B・ラッセルの価値哲学、A・タルスキの真理論、それに数学者K・ゲーデルの不完全性定理等を研究してきた。同時に、三重大学に赴任して最初の給料で『西郷隆盛全集』を購入し、幕末維新史研究を本格的に開始した。この研究は、真に私の心を休めるものであったが、他に仕事（哲学研究）があったため、長い間、二足の草鞋的生活が続き、歴史研究に専念できるようになったのは、ここ二十年ばかりのことである。

私が幕末維新史でも特に薩長同盟研究を志向するようになったきっかけは、青山忠正氏の画期的論考「薩長盟約の成立とその背景」（一九八六）との出会いである。

もちろん、それまでも多くの方の優れた研究はあったが、青山氏の論考を嚆矢として、薩長同盟研究は新しい段階に入ったとの印象を持った。

それ以降、薩長同盟およびその周辺の研究については、青山氏を始め、故佐々木克氏、宮地正人氏、三宅紹宣氏、家近良樹氏、故高橋秀直氏、最近では町田明広氏や齊藤紅葉氏の著書・論文を読んだ。また、坂本龍馬研究については、池田敬正氏、松浦玲氏、飛鳥井雅道氏、それに最近では知野文哉氏の著書・論文を読んだ。そして、これら諸氏の広範な学識と深い洞察力を大いに学ばせて頂いた。ここに、深甚の感謝を表する次第です。

振り返ってみると、私は、藩という大きな組織に属しない坂本龍馬がなぜ薩長同盟が締結された会談に参加することができ、しかもそれなりに貢献したと言われるのか、学生の頃から疑問に思っていた。

しかし、この疑問は前掲諸氏の著書・論文では解決できなかった。それは、薩長同盟に関する著書・論文では龍馬の働きに関する記述が少なく、龍馬に関する著書・論文では、薩長同盟に関する記述が少なかったからである。

ただ例外的に、故芳即正先生が一九九八年、薩長同盟と龍馬の関係をテーマとする著書を出された。私は、当然、芳先生の仕事を発展させる若い人の研究が後に続くものと考え、それを期待をもって待った。しかしながら、二十年以上待っても出てこなかった。

なぜか。それは、大学等に籍を置く専門家は薩長同盟について書くことはあっても、坂本龍馬に関心を持って本格的に研究することは少ないからだと思う。学術的論文を課せられた専門家が人気者の龍馬を避けたがる気持ちも分からないではないが、専門家による龍馬研究が貧弱であるにも拘わらず、龍馬の歴史的役割や意味は大きくないという意見が大手をふるって出てくるようでは、あまりに龍馬が可哀そうである。

私は、このような現状に鑑み、芳先生の影響によって、薩長同盟での龍馬の働きを明らかにしてみたいと思った。

したがって、わたしが恩恵を被った方々の中で、もっとも影響を受けたのは、芳先生である。実際、私が先生の御著書『坂本龍馬と薩長同盟』その他に多くを負っていることは、本書を読まれた方には明らかである。

また、芳先生が私と同郷であることは、随分前から存じ上げていたが、大学に勤務される以前、私の卒業した高校の校長をされていたことは、最近まで知らなかった。残念ながら、お目にかかって親しくご教授頂くことは叶わなかったが、その学恩と御縁に対し、衷心より感謝申し上げます。

なお、本書は、私の出版希望に対して寛大なお心で援助して下さった清文堂出版の編集担当・松田良弘氏のおかげで世に出ることになりました。内容に関しても、多くの点で有意義な指摘を頂きました。同氏に対し、改めて篤く御礼申し上げます。また、原稿を読んで貴重な意見を述べてくれた妻・さえ子殿に謝意を表します。

二〇二一年　春

著　者

〈文　献〉

あ行

青山忠正『明治維新と国家形成』、吉川弘文館、二〇〇〇
家近良樹『江戸幕府崩壊』、講談社学術文庫、二〇一四
家近良樹『西郷隆盛と幕末維新の政局』、ミネルヴァ書房、二〇一一
家近良樹『西郷隆盛』、ミネルヴァ書房、二〇一七
維新史料編纂会『維新史』四、吉川弘文館、一九八三
維新史料編纂会編『維新史料綱要』四・五、東京大学出版会、一九六六
岩崎英重編『坂本龍馬関係文書』一・二、東京大学出版会、一九六七

か行

鹿児島県維新史料編纂所編『忠義公史料』三、鹿児島県、一九七四
鹿児島県史料刊行委員会編『小松帯刀伝』(『鹿児島県史料集』二一)、鹿児島県立図書館、一九八〇

鹿児島県歴史資料センター黎明館編『玉里島津家史料』三・四、鹿児島県、一九九五
柏村数馬「柏村日記」〔山口県編『山口県史　史料編　幕末維新』四、山口県、二〇〇五〕
桂久武「桂久武日記」〔鹿児島県史料刊行委員会編『鹿児島県史料集』二六、鹿児島県立図書館、一九八五〕
芳即正『坂本龍馬と薩長同盟』、高城書房、一九九八
芳即正「薩摩藩と薩長盟約の実行」〔明治維新史学会編『明治維新の新視角』、高城書房、二〇〇一〕
木戸公伝記編纂所『松菊木戸公伝』上、臨川書店、一九七〇
木戸孝允関係文書研究会編『木戸孝允関係文書』一・二・三・四、東京大学出版会、二〇〇七
木戸孝允「薩長両藩盟約に関する自叙」〔『木戸孝允文書』八〕
宮内省先帝御事跡取調掛編『孝明天皇紀』五、平安神宮、一九六九
黒田清隆「黒田清隆履歴書案」〔井黒弥太郎編『北海道郷土研究資料』一一、北海道郷土研究会、一九六三〕

さ行

西郷隆盛全集編集委員会編『西郷隆盛全集』一・二・五・六、大和書房、一九七六

齊藤紅葉『木戸孝允と幕末・維新』、京都大学学術出版会、二〇一八
坂本龍馬「坂本龍馬手帳摘要」[『坂本龍馬関係文書』二]
佐々木克『坂本龍馬とその時代』、河出書房新社、二〇〇九
佐々木克『幕末史』、ちくま新書、二〇一四
佐々木克『幕末政治と薩摩藩』、吉川弘文館、二〇〇四
島津公爵家編纂所編『島津久光公実記』二・五、島津公爵家編纂所、一九一〇
下関市立歴史博物館編「龍馬が見た下関」、下関市立歴史博物館、二〇一七
末松謙澄『修訂防長回天史』三・四・五編、柏書房、一九八〇

た行

高橋秀直『幕末維新の政治と天皇』、吉川弘文館、二〇〇七
遅塚忠躬『史学概論』、東京大学出版会、二〇一〇

な行

中岡慎太郎「海西雑記」[宮地佐一郎編『中岡慎太郎全集』、勁草書房、一九九一]
中岡慎太郎「時勢論」[宮地佐一郎編『中岡慎太郎全集』、勁草書房、一九九一]

中原邦平『井上伯伝』上、マツノ書店、一九九四
日本史籍協会編『朝彦親王日記』一、東京大学出版会、一九八二
日本史籍協会編『大久保利通文書』一、東京大学出版会、一九八三
日本史籍協会編『楫取家文書』二、東京大学出版会、一九七〇
日本史籍協会編『吉川経幹周旋記』一・二・三・四・五、東京大学出版会、一九七〇
日本史籍協会編『木戸孝允文書』一・二・八、東京大学出版会、一九八五
日本史籍協会編『続再夢紀事』四・五、東京大学出版会、一九八八

は行

土方久元『回天実記』、新人物往来社、一九六九
福沢諭吉『西洋事情』〔慶応義塾編『福沢諭吉全集』一、岩波書店、一九五八〕
細川家編纂所編『改訂肥後藩国事史料』六、侯爵細川家編纂所、一九三二

ま行

町田明広『薩長同盟論』、人文書院、二〇一八
三宅紹宣「薩長盟約の歴史的意義」〔『日本歴史』六四七、二〇〇二〕

三宅紹宣『幕末・維新期長州藩の政治構造』、校倉書房、一九九三
三宅紹宣『幕長戦争』、吉川弘文館、二〇一三
宮地佐一郎編『龍馬の手紙』、講談社学術文庫、二〇〇三
宮地正人『歴史の中の『夜明け前』：平田国学の幕末維新』、吉川弘文館、二〇一五
宮本敦恒「将軍進発期江戸・大坂間の幕府政務処理について―幕府勝手方に係わる決裁を中心に―」『立命館文学』六一〇、二〇〇九
三吉慎蔵「三吉慎蔵日記抄」［『坂本龍馬関係文書』二］

や行

山崎有恒編『伊集院兼寛関係文書』、芙蓉書房、一九九六
横田達雄編『寺村左膳道成日記』三、県立青山文庫後援会、一九八〇

ら行

立教大学日本史研究室編『大久保利通関係文書』二・三・五、吉川弘文館、一九六五

◇著者紹介◇

山岡悦郎（やまおか えつろう）

【略　歴】
1945年生
1977年　広島大学大学院文学研究科博士課程修了
現　在　三重大学名誉教授　歴史・思想研究者

【著　書】（編著・共著は除く）
『ゲーデルの無矛盾性証明』（筆名：山岡謁郎）三重学術出版会、1994.
『現代真理論の系譜』（筆名：山岡謁郎）海鳴社、1996.
『哲学的探究』晃洋書房、1998.
『うそつきのパラドックス』海鳴社、2001.
『薩長盟約 立役者は誰だ』敬文舎、2018.
ほか

坂本龍馬復権論と薩長同盟
2021年6月10日　第一刷発行

著　者　山岡悦郎©
発行者　前田博雄
発行所　清文堂出版株式会社

〒542-0082　大阪市中央区島之内2-8-5
電話06-6211-6265　FAX06-6211-6492
振替00950-6-6238
http://www.seibundo-pb.co.jp
メール＝seibundo@triton.ocn.ne.jp
組版・製版：六陽　印刷：亜細亜印刷　製本：渋谷文泉閣
ISBN978-4-7924-1491-7　C0021

明治維新の言語と史料	青山忠正著	六六〇〇円
明治維新を読みなおす—同時代の視点から—	青山忠正著	一七〇〇円
戊辰戦争と「奥羽越」列藩同盟	栗原伸一郎著	八八〇〇円
近代日本の感染症対策と地域社会	竹原万雄著	八八〇〇円
政治参加の近代—近代日本形成期の地域振興—	徳竹剛著	六三〇〇円
評伝朝鮮総督府官吏・吉田正廣とその時代	坂根嘉弘著	二七〇〇円
遊廓と地域社会—貸座敷・娼妓・遊客の視点から—	加藤晴美著	六八〇〇円

価格税別

清　文　堂

URL=http://www.seibundo-pb.co.jp E-MAIL=seibundo@triton.ocn.ne.jp